Gesätzeltes

Herbert Kohl 2018

Kann man Gedanken sammeln wie Briefmarken oder Bierdeckel? Günter Göge hat es versucht. Er hat Prominente angeschrieben und sie um einen Satz gebeten. Das Ergebnis ist verblüffend. Stars wie Peter Alexander, Joachim Fuchsberger oder Heinz Rühmann zum Beispiel fanden Gefallen an der Idee. Mögen viele der Berühmtheiten auch verstorben sein, die Aura ihrer Handschriften und die Kraft ihrer Gedanken machen sie wieder lebendig.

Günter Göge, geboren am 1. Januar 1954, hatte auch beruflich immer mit Sätzen zu tun: Vor seinem Ruhestand arbeitete er als Sportredakteur und freier Journalist überwiegend für die Hessische/Niedersächsische Allgemeine (HNA) in Kassel. Er ist verheiratet, hat zwei erwachsene Söhne und lebt in Korbach (Nordhessen). Außerdem vom Autor erschienen: „Die Mühlenkopfschanze und ihre Helden“.

GÜNTER GÖGE

Gesätzeltes

PROMI-HIRN IN KLEINEN DOSEN

Für Gela

Gesätzeltes - Promihirn in kleinen Dosen
Günter Göge

Auflage 1, 2015

Am Kniep 15
D-34497 Korbach

Umschlag und Gestaltung:
Lara Tuschen

Satz und Druck:
Druckerei Boxberger GmbH
D-34431 Marsberg

Printed in Germany

24,80 € - Erhältlich im Buchhandel.

ISBN 978-3-00-051410-4

INHALT

SÄTZE FÜR EINEN *Unbekannten*

Peter Alexander hat geschrieben und Götz George, auch Franz Josef Strauß und Hildegard Knef. Über 200 Autoren hat dieses Buch. Alles berühmte Persönlichkeiten: Schriftsteller und Schauspieler, Sportler und Politiker. Prominente des 20. Jahrhunderts, viele inzwischen verstorben. Jeder hat einen Satz beigetragen. Denn so lautete die Aufgabe: Schenken Sie mir einen Satz.

Vor fast vier Jahrzehnten hat Günter Göge damit begonnen, bekannte Zeitgenossen anzuschreiben. „Ich sammele Sätze“, teilte er mit. Und stellte sich die Frage, ob die Personen der Zeitgeschichte einen Gedanken aufschreiben würden für einen ihnen völlig Unbekannten.

Denn: „Ein Satz kann das Kostbarste sein, das ein Mensch dem anderen zu geben hat“, schreibt etwa der Schriftsteller Horst Pillau. Und der Journalist Günther von Lojewski pflichtet bei: „Ein einzelner Satz kann alles sagen oder nichts, kann entlarven oder verschleiern.“

Es entstand eine einzigartige Korrespondenz. Stars wie Heinz Rühmann oder „Blacky“ Fuchsberger („Zuerst dachte ich, der spinnt...“) haben sich ebenso daran beteiligt wie Loriot oder Curd Jürgens. Mit Papier und Feder, handgeschrieben, 100 Prozent analoge Kommunikation.

„Ein Buch, ein Text, ein Gedanke, selbst ein einzelner Satz macht zwei Menschen miteinander bekannt“, sagen Hauke Goos und Claudia Voigt in ihrer Spiegel-Titelgeschichte (Nr. 50/2014) über das Lesen. So erkennt man den bärbeißigen Politiker Herbert Wehner in der Zeile: „Schade, dass Sie Sätze sammeln; wie wäre es, wenn Sie Sätze bedächten.“ Der lebenskluge Schriftsteller Peter Härtling kommentiert die Idee mit: „Schritte üben und Sätze – so fängt`s an, so hört`s auf.“

Mancher Promi schickte seinen persönlichen Leitspruch wie Franz Josef Strauß – selbst verfasst oder als Zitat eines Dichterworts. Der Gedanke, der übermittelt wurde, sagt oft auch einiges über den Autor.

In Kurzportraits stellt Göge die Briefschreiber vor. Texte und Handschriften werden ergänzt durch zum Teil ironisch kommentierende Fotos. Festgehaltene Augenblicke in Wort und Bild. Sie vereinen sich zu einem modernen Poesiealbum zum Blättern, Schmökern und Schmunzeln.

Kultur

NUR ECHT MIT
ECHT GÖGE
DIESEM ZEICHEN

11 Martin Walser
12 Peter Härtling
13 Rudolf Hagelstange
14 Loriot
15 Josef Guggenmos
16 Thaddäus Troll
17 Michael Mathias Prechtl
18 Hermann Schröder
19 Siegfried Lenz
20 Ruth Leuwerik
21 Christine Brückner
22 Leni Riefenstahl
23 Herbert Reinecker
24 Boy Gobert
25 Heinz Rühmann
26 Anneliese Rothenberger
27 Hermann Reutter
28 Matthias Walden
29 Robert Lembke
30 Hans Sachs
31 Joseph Ratzinger
32 Maria Furtwängler
33 Otto Waalkes
34 Franz Ehrenwirth
35 Winfried Scharlau
36 Curd Jürgens
37 Rolf von Sydow
38 Wilhelm Semmelroth
39 Otto Steiger
40 Dorothee Sölle
41 Konrad Springer
42 Hasso G. Stachow
43 Jürgen Drews
44 Eberhard Fechner
45 Wolfgang Neuß
46 Götz George
47 Rainer Erler
48 Ruprecht Essberger
49 Margot Werner
50 Gisela Schlüter
51 Ulrich Sonnemann
52 Manfred Bieler
53 Otto Rombach
54 Heinz Haber
55 Michaela May
56 Helmuth Ashley
57 Hans Dollinger
58 Lena Valaitis
59 Günter Kallmann
60 Willy Millowitsch
61 Luise Ullrich
62 Harald Leipnitz
63 Heinz Maegerlein
64 Uschi Glas
65 Rudolf Noelte
66 Will Quadflieg
67 Alexander May
68 Paul Hubschmid
69 Peter Pasetti
70 Karin Dor
71 Helmut Zacharias
72 Klaus Höhne
73 Hermann Lenz
74 Franz Josef Degenhardt
75 C. C. Bergius
76 Günther Ungeheuer
77 Heinz Sielmann
78 Axel von Ambesser
79 Gerd Albrecht
80 Herbert Ballmann
81 Walter Kempowski
82 Klaus Havenstein
83 Karl-Heinz Köpcke
84 Fred Bertelmann
85 Joseph Kardinal Höffner
86 Willi Heinrich
87 Walter Jens
88 Rex Gildo
89 Inge Meysel
90 Hildegard Knef
91 Franz Erhard Walther
92 Eleonore Weisgerber
93 Adolf Muschg
94 Peter Rühmkorf
95 Wolf von Lojewski
96 Marie Theres Relin
97 Heinz G. Konsalik
98 Carl Fr. von Weizsäcker
99 Wolfgang Preiss
100 Frithjof Vierock
101 Peter Maffay
102 Jürgen Roland
103 Erika Runge
104 Bibi Johns
105 Dieter Stolte
106 Günter Wallraff
107 Günter Noris
108 Joachim Fuchsberger
109 Franz Alt
110 Timm Ulrichs
111 Wolfgang Kieling
112 Horst Pillau
113 Marika Rökk
114 Henri Nannen
115 Hugo Strasser
116 Günter Pfitzmann
117 Klaus Staeck
118 Wolfgang Spier
119 Theo Sommer
120 Siegfried Sommer
121 Hans Dieter Schwarze
122 Philipp Vandenberg
123 Franz Xaver Kroetz
124 Carl Raddatz
125 Peter Bachér
126 Bruno Hampel
127 Christa Meves
128 Ruth Maria Kubitschek
129 Günther von Lojewski
130 Peter Nagel
131 Johannes Gross
132 Dieter Gütt
133 Peter Alexander
134 Georg Marischka
135 Friedrich Nowottny
136 Karl Münchinger
137 Benno Kusche
138 Friedrich Luft
139 Otfríed Preußler
140 Emil Schumacher
141 Jürgen von Alten
142 Dagmar Altrichter
143 Ferry Ahrlè
144 George Alexander Albrecht
145 Hans Helmut Dickow
146 Paul Angerer
147 Carl Amery
148 Claus-Hinrich Casdorff
149 Luis Trenker
150 Friedrich Karl Waechter
151 Gustl Bayrhammer
152 Marianne Hoppe
153 Michael Holm
154 Peter Horton
155 Horst Buchholz
156 Erich von Däniken
157 Max von der Grün
158 Lisa Fitz
159 Rainer Basedow
160 Frank Elstner
161 Vico Torriani

HOTEL REBSTOCK

Neubaustraße 7
8700 Würzburg
Telefon (0931) 50075
Telex 06-8684

Rebstock · Neubaustraße 7 · 8700 Würzburg

Beruf:

Mein Auftraggeber ist der, dem es schlechter geht.
Die Sprache hab ich von der Angst.
Mir fällt ein, was mir fehlt. Ich schreibe
nicht aus Übermut.

Martin Walser

14/11/79

Aus **Martin Walser** (geb. 24. März 1924 in Wasserburg) sprudeln geradezu die Sätze. Der deutsche Schriftsteller befindet sich da offenbar auf Lesetour mit seinem Roman „Seelenarbeit". Der brillante Erzähler, unbequem und unbeugsam wie ein knorriger Baum, zielt später mit „Tod eines Kritikers" auf „Literaturpapst" Marcel Reich-Ranicki (1920-2013).

Mit zwei Gedanken ist der deutsche Schriftsteller **Peter Härtling** (geb. 13. November 1933 in Chemnitz) vertreten. Der erste (1980) ist eine Anspielung auf seinen bewegten Lebensweg, den der vielfach ausgezeichnete Autor („Leben lernen") oft literarisch verarbeitet. Die neuerliche Anfrage im Januar 2013 beantwortet der Hesse mit großer Lebenserfahrung.

Wie soll der Mensch ferner
arm sich wähnen,
da ihm die Gunst der Götter
doch geblieben:
ein Geist zu sinnen
und ein Herz
zu lieben.

Rudolf Hagelstange
für
Günter Göge
29.1.80

Sein vielleicht stärkster Satz: **Rudolf Hagelstange** (1912-1984) schreibt ihn 1944 während seiner Zeit als Kriegsberichterstatter in Frankreich und Italien. Veröffentlicht wurde er 1945 in dem Lyrik-Band Venezianisches Credo: Er enthält 35 Sonette des jungen Autors.

17. 12. 79

SEIT FÜNFUNDZWANZIG JAHREN ZEICHNE ICH EIN KLEINES MÄNNCHEN, DAS MICH BIS HEUTE ERNÄHRT. ICH BIN SEHR GUT ZU IHM, DAMIT ES MICH NICHT VERLÄSST.

LORIOT

Männchen mit Knollennase sind ein Markenzeichen von **Loriot** (1923-2011), der eigentlich Bernhard-Viktor Christoph-Carl von Bülow, kurz Vicco von Bülow, heißt. Mit trockenem Humor spießt der Norddeutsche die kleinen menschlichen Unzulänglichkeiten auf. Weithin bekannt wird Loriot durch Film (Ödipussi“) und Fernsehen („Vertreterbesuch“).

Wer gegen den Wind
durch die Gegend geht,
daß der Sturm allen Ärger
aus ihm weht,

kehrt aus dem Gezerr
und Gebrüll und Gebraus
leichter und freier und froher
nach Haus.

Josef Guggenmos
4. I. 80

Das Gedicht „Gegen den Wind“ ist ein Klassiker von **Josef Guggenmos** (1922-2003). Der Lyriker und Autor von Kinderbüchern ist wegen seiner klaren, in die Tiefe gehenden Sprache bei Kindern und Erwachsenen beliebt. Sein bekanntestes Buch: „Was denkt die Maus am Donnerstag?“

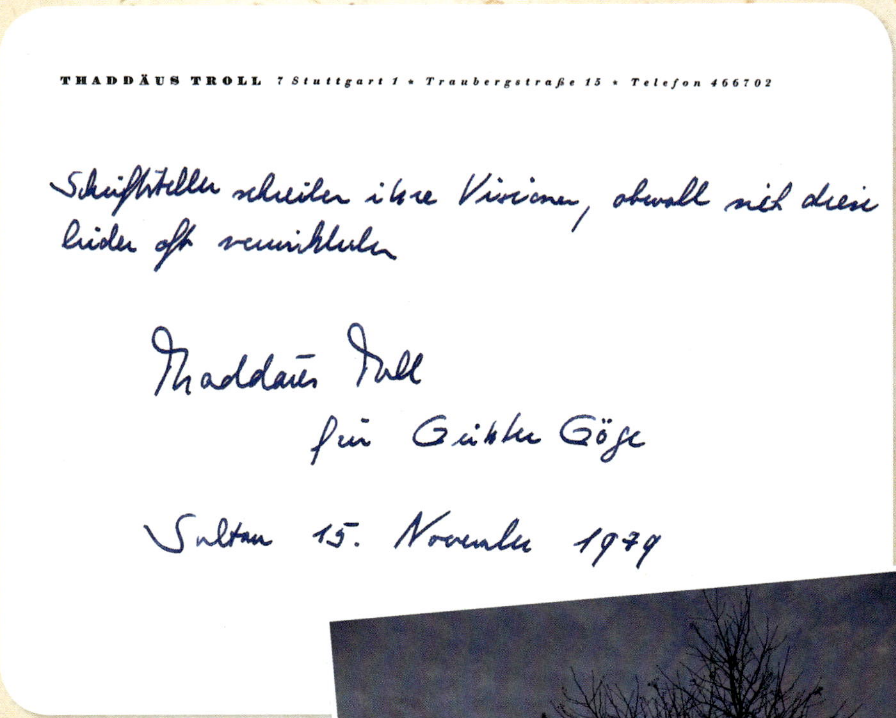

THADDÄUS TROLL 7 Stuttgart 1 • Traubergstraße 15 • Telefon 466702

Schriftsteller schreiben ihre Visionen, obwohl sich diese leider oft verwirklichen

Thaddäus Troll

für Günther Götze

Stuttgart 15. November 1979

Vorausschauend ist **Thaddäus Troll** (1914-1980), der eigentlich Hans Bayer heißt. Der schwäbischer Mundartdichter nimmt sich keine acht Monate nach diesem Brief das Leben. Bei der Trauerfeier wird ein selbst verfasster Nachruf verlesen, berichtet das Internetlexikon „Wikipedia“. Dazu gibt es Trollinger-Wein aus seinem Geburtsort Bad Cannstatt (Stuttgart).

Die Zeichnung von **Michael Mathias Prechtl** (1926-2003) mit eingearbeitetem Satz aus dem Jahr 1980 ist ein besonders schönes Stück der Sammlung. Der deutsche Maler, Zeichner und Illustrator wird vor allem durch die Gestaltung von Titelbildern für die „New York Times“ und den „Spiegel“ in den 1970er und 1980er Jahren bekannt.

Ein Notenblatt steuert der deutsche Komponist und katholische Kirchenmusiker **Hermann Schroeder** (1904-1984) bei: Die „Variationen zu einem eigenen Psalmton für Orgel“, 1983 im Süddeutschen Musikverlag Heidelberg veröffentlicht.

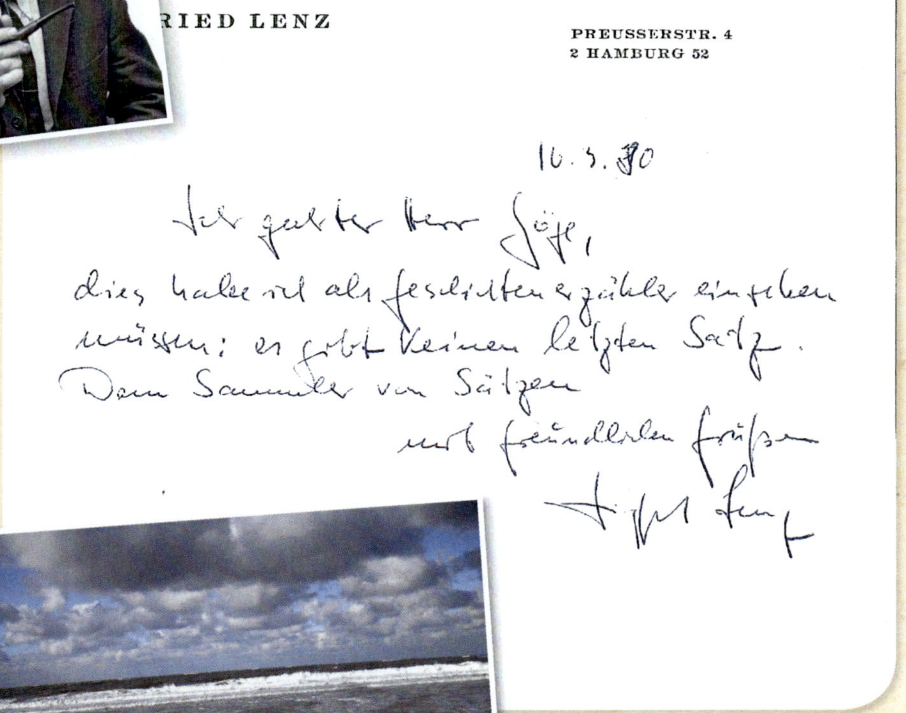

RIED LENZ

PREUSSERSTR. 4
2 HAMBURG 52

10.5.80

Sehr geehrter Herr Göße,

dies haben wir als Geschichtenerzähler einsehen müssen: es gibt keinen letzten Satz. Dem Sammler von Sätzen

mit freundlichen Grüßen

Siegfried Lenz

Die Geschichte geht immer weiter. Einer der bekanntesten deutschen Schriftsteller ist **Siegfried Lenz** (1926-2014), ausgezeichnet unter anderem mit dem Friedenspreis des Deutschen Buchhandels. Viele seiner Werke werden verfilmt, zuletzt 2014 „Die Flut ist pünktlich“.

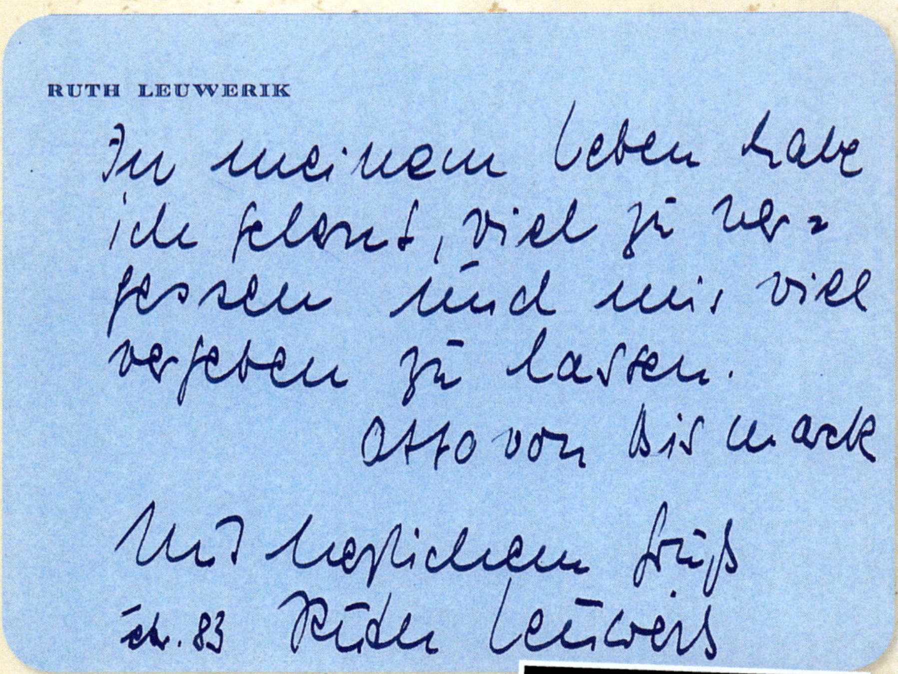
RUTH LEUWERIK

In meinem Leben habe
ich gelernt, viel zu ver-
gessen und mir viel
vergeben zu lassen.
Otto von Bismarck

Mit herzlichem Gruß
Okt. 83 Ruth Leuwerik

Den „Eisernen Kanzler“ zitiert **Ruth Leuwerik** (geb. 1924 in Essen), Star des deutschen Kinos der Nachkriegszeit. Unvergessen ihre Rollen als Partnerin von Dieter Borsche, O. W. Fischer oder Curd Jürgens. Gespielt als moderne Frau mit eigenem Kopf und aufrechtem Gang.

Christine Brückner

(Aus: "Erfahren und erwandert": "Bücher sind Treffpunkte", 1979)

Hans Böckler-Str. 5, 3500 Kassel, Tel. (0561) 24304

Millionenauflagen erzielt **Christine Brückner** (1921-1996) mit Romanen wie „Jauche und Levkojen“ und „Nirgendwo ist Poenichen“, die als Fernseh-Mehrteiler verfilmt werden. Den hier zitierten Band über das Unterwegs-Sein verfasst die Pfarrerstochter gemeinsam mit ihrem Mann Otto Heinrich Kühner. Sie stirbt zehn Wochen nach ihm in Kassel.

Was Dich nicht umwirft macht Dich stärker (ein sehr wahres Sprichwort)

Leni Riefenstahl

Auf Philosoph Friedrich Nietzsche beruft sich die umstrittene Filmregisseurin **Leni Riefenstahl** (1902-2003). Für ihre Arbeitstechniken wird die Frau der schönen Bilder zwar gelobt, doch Filme wie „Triumph des Willens“ oder ihre Dokumentation über die Olympischen Spiele 1936 in Berlin werden als Nazi-Propaganda kritisiert.

Du hast mich nach meinem Weg gefragt. Meine Antwort: Keine Gewalt – Wandel durch Überzeugung

Herbert Reinecker

aus 'Feuer am Ende des Tunnels'

Herbert Reinecker
Sonnleitenweg 23
8131 Berg 1

Berühmt wird der Journalist und Autor **Herbert Reinecker** (1914-2007) vor allem durch Drehbücher für die Fernsehserien „Derrick", „Der Kommissar" oder „Jakob und Adele". Das Zitat aus seinem Roman von 1974 entspringt offenbar später Läuterung: Der Mann, der so gern über Mord und Totschlag schreibt, war im „Dritten Reich" Mitglied der Waffen-SS.

Mit freundlichen Grüßen

Jago sagt:
„Es liegt an uns, ob wir so
sind oder anders.
Unsere Körper sind unsere
Gärten und unser Wille ist
der Gärtner darin. Ob wir
Nesseln oder Kopfsalat an-
bauen, ob wir ihn aus Faulheit
verrotten lassen oder fleissig
düngen und kultivieren, die
Entscheidung liegt in
unserem Willen“.
Othello Schiller Theater Juli 1982 Boy Gobert

Staatliche Schauspielbühnen Berlins
Generalintendant Boy Gobert
Schiller-Theater Schloßpark-Theater Werkstatt

Einen Höhenflug im neuen Jahr wünscht Ihnen

Boy Gobert

Der Schauspieler und Theaterregisseur **Boy Gobert** (1925-1986) muss in seinen über 50 Filmen meistens den wohlhabenden Lebemann geben. Erst als Intendant des Hamburger Thalia-Theaters und Generalintendant der Schauspielbühnen Berlins spielt Gobert dann Rollen der Weltliteratur wie den intriganten Jago im Othello.

„Die Feuerzangenbowle“ hat ihn unsterblich gemacht: **Heinz Rühmann** (1902-1994) ist einer der erfolgreichsten Schauspieler des 20. Jahrhunderts. Hier zitiert er aus der „Rede über den Schauspieler“, gehalten von Max Reinhardt: Große Darsteller dürften eben nicht ihrer Erziehung folgen und „verbergen, was in Dir vorgeht“.

ANNELIESE ROTHENBERGER
QUELLENHOF
CH - 8268 SALENSTEIN/TG

Die Welt besteht
aus lauter Gelegen-
heiten zur Liebe.

April 1980
S. KIERKEGAARD

Herzlichst!
Anneliese
Rothenberger

Den dänischen Philosophen Sören Kierkegaard (1813-1855) zitiert **Anneliese Rothenberger** (1926-2010). Die deutsche Opern- und Operettensängerin, die 45 Jahre lang mit dem Journalisten Gerd Wendelin Dieberitz verheiratet ist, moderiert eigene Fernsehsendungen und ist als Malerin erfolgreich.

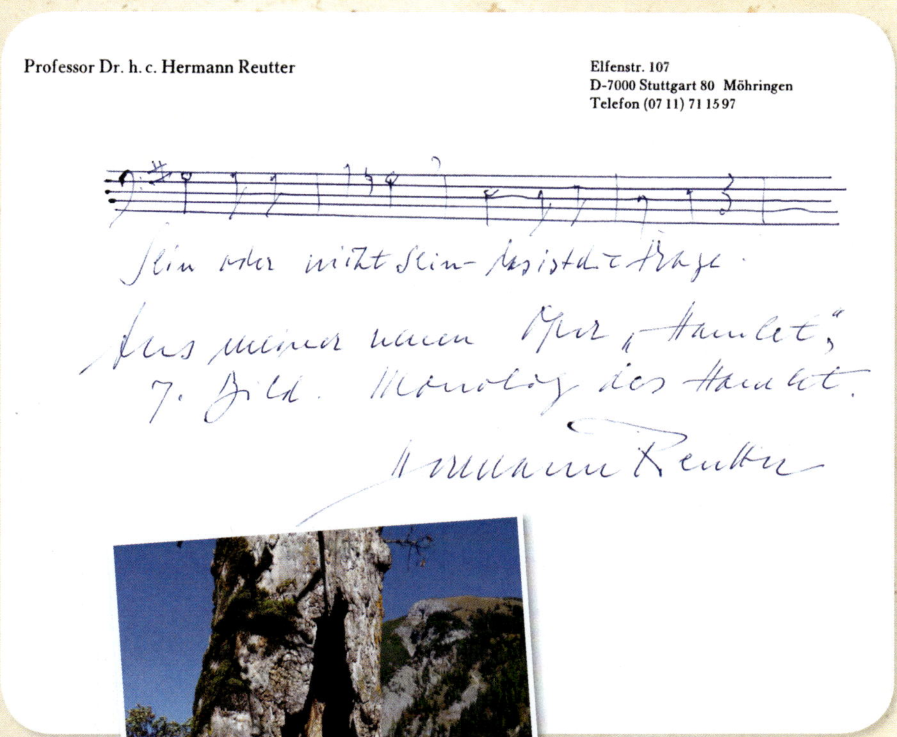

Professor Dr. h. c. Hermann Reutter

Elfenstr. 107
D-7000 Stuttgart 80 Möhringen
Telefon (07 11) 71 15 97

Sein oder nicht Sein – das ist die Frage.

Aus meiner neuen Oper „Hamlet", 7. Bild. Monolog des Hamlet.

Hermann Reutter

Eine Notenzeile seiner Oper „Hamlet“ steuert der deutsche Komponist **Prof. Dr. Hermann Reutter** (1900-1985) bei. Der Pianist soll 1949 im Auftrag von Bundespräsident Theodor Heuss eine neue Nationalhymne schreiben. Laut Internet-Lexikon „Wikipedia“ entscheidet sich Bundeskanzler Konrad Adenauer aber für die dritte Strophe des Deutschlandliedes.

Matthias Walden
im Verlagshaus Axel Springer

Kochstr. 50
Berlin 61,

13. V. 80

Sehr geehrter Herr Götze!

Ihrer Bitte entsprechend schreibe ich Ihnen hier einen Satz. Er stammt aus meinem neuen Buch „Die Fütterung der Krokodile".

„Der Journalist ist seinem Wissen und Gewissen nicht weniger verpflichtet als der Richter. Er ist in gewissem Sinne freier als der Jurist – aber das gefährdet seine Beurteilungen auch in noch höherem Grade."

Mit besten Grüßen
Ihr
M. Walden

Gedanken über seinen Beruf schickt der Journalist **Matthias Walden** (1927-1984). Der heißt eigentlich Eugen Wilhelm Otto Baron von Saß, schreibt aber nach DDR-Flucht unter Pseudonym, um seine Eltern zu schützen. Nach kritischen Kommentaren über Schriftsteller Heinrich Böll unterliegt Walden am 3. Juni 1980 vor dem Bundesverfassungsgericht.

Mitleid bekommt man geschenkt – Neid muß man sich verdienen.

Robert Lembke

Ein Sprichwort von **Robert Lembke** (1913-1989), der als Fernsehmoderator von „Was bin ich?“ bekannt wird: In über 300 Folgen müssen vier Prominente den Beruf eines Kandidaten erraten. Legendär Lemkes Eingangsfrage: „Welches Schweinderl hätten`s denn gern?“ Jedes Nein bringt nämlich fünf D-Mark ins Sparschwein.

Ein Satz verlangt mehr Einsatz als viele Sätze!

Hans Sachs

Einer der Ratefüchse von „Was bin ich?“ ist **Hans Sachs** (1912-1993), ein Oberstaatsanwalt in Nürnberg. Schnurrbart und Fliege sind seine Erkennungszeichen beim heiteren Berufe-Erraten. In Erinnerung bleibt auch seine legendäre Formulierung: „Gehe ich recht in der Annahme, dass...“

STAATSSEKRETARIAT

ERSTE SEKTION
ALLGEMEINE ANGELEGENHEITEN

Nicht Wissen bildet den Menschen, sondern Verstehen, in dem sich Verstand und Herz begegnen.

+ Joseph Card. Ratzinger

Ostern 1980.

Aus dem Vatikan, am 16. November 2012

Sehr geehrter Herr Göge!

Hiermit bestätige ich Ihnen den Erhalt Ihres Schreibens vom 21. Oktober, mit dem Sie Papst Benedikt XVI. um einen persönlichen Beitrag für Ihre Aphorismensammlung bitten.

Ihrem Gesuch kann leider aufgrund der großen Inanspruchnahme des Nachfolgers Petri mit universalkirchlichen Aufgaben sowie aus grundsätzlichen Überlegungen nicht entsprochen werden. Gerne weise ich Sie jedoch auf die Möglichkeit hin, einen entsprechenden Text aus den zahlreichen Schriften und Ansprachen Papst Benedikts XVI. zu wählen.

Mit besten Wünschen und freundlichen Grüßen

Peter B. Wells

Msgr. Peter B. WELLS
Assessor

Als er noch nicht Papst Benedikt XVI. ist, schreibt **Joseph Aloisius Ratzinger** (geb. 16. April 1927 in Marktl, Oberbayern) als Kardinal einen Satz (oben rechts). 25 Jahre später jubelt die „Bild“-Zeitung: „Wir sind Papst!“ Die Aufgaben in Rom wachsen dem Stellvertreter Gottes auf Erden über den Kopf. Die neuerliche Bitte wird vom Vatikan abschlägig beschieden. Drei Monate später erklärt Benedikt seinen Amtsverzicht.

Büro Dr. Maria Furtwängler
MARTIN-FESTL-RING 1
D-85609 MÜNCHEN DORNACH

www.mariafurtwaengler.de
Tel: +49 (0)89 64919919
Fax: +49 (0)89 64919916

München, Dezember 2012

Lieber Herr Göge,

vielen Dank für Ihren Brief. Dazu fällt mir eines meiner Lieblingszitate ein:

„Man kann niemanden etwas lehren, man kann ihm nur helfen, es in sich selbst zu finden."
- Galileo Galilei -

Mit den besten Grüßen,

Dr. Maria Furtwängler

Mit sechs Jahren steht **Maria Furtwängler** (geb. 13. September 1966 in München) zum ersten Mal vor der Kamera, unterrichtet von ihrer Mutter Kathrin Ackermann. Beide arbeiten auch 40 Jahre später im Krimi „Tatort" zusammen. Die sozial engagierte Schauspielerin und Ärztin zitiert den italienischen Naturwissenschaftler Galileo Galilei (um 1600).

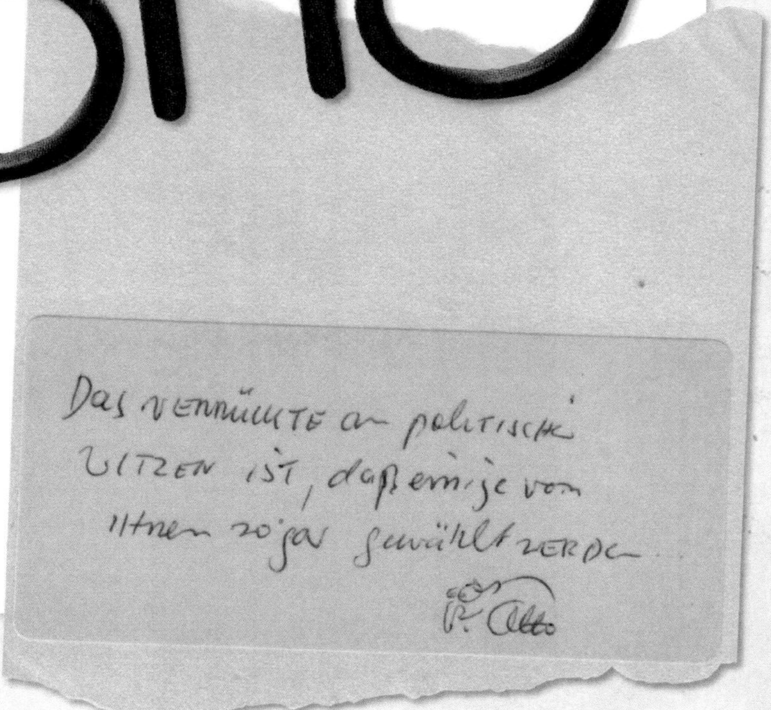

Zeitlos schön der Witz von **Otto Gerhard Waalkes** (geb. 22. Juli 1948 in Emden). Eine Autogrammkarte liegt bei. Darauf wirbt der Komiker für millionenfach verkaufte Langspielplatten, auf denen der Witzbold seine Live-Auftritte verkauft. Der Ostfriese glänzt seit 40 Jahren als Comiczeichner, Musiker, Schauspieler („Otto der Film") und Regisseur.

Franz Ehrenwirth

„Habent sua fata libelli!"
„Bücher haben ihre Schicksale"
München März 1980

Das Buch „So weit die Füße tragen" wird zum Schicksal von **Franz Ehrenwirth** (1905-1993). Sein Münchener Verlag veröffentlicht 1955 den Bestseller über die Flucht eines deutschen Wehrmachtsoldaten aus russischer Kriegsgefangenschaft. Er wird zur Fernsehserie verfilmt, ist ein Straßenfeger im Nachkriegsdeutschland.

NDR

NORDDEUTSCHER RUNDFUNK
– Fernsehen –
Zeitgeschehen/Chefredaktion
8.V.80

Sehr geehrter Herr Göge,

Die Presse muß die Freiheit haben, alles zu sagen, damit gewissen Leuten die Freiheit genommen wird, alles zu tun.

Mit freundlichen Grüßen
Winfried Scharlau

Unmittelbar nach der „Lindenstraße" hat **Winfried Scharlau** (1934-2004) jede Woche seinen großen Auftritt. Viele Jahre lang moderiert der Journalist den „Weltspiegel" der ARD. Seine Unabhängigkeit und Leidenschaft spiegeln sich auch in dem hier verfassten Plädoyer für die Pressefreiheit.

"Das Leben ist die beste Gelegenheit sich die Welt anzuschauen.."

Herzlich Curd Jürgens

Weltstar des deutschen Nachkriegsfilms ist **Curd Gustav Andreas Gottlieb Franz Jürgens** (1915-1982). Wegen seiner Größe (1,93 m) und Wucht soll Brigitte Bardot ihn „normannischer Schrank" genannt haben. Sein Lied „60 Jahre und kein bisschen weise" ist ein Evergreen. Bis zum Tod soll Jürgens dem Whisky, Rauchen und üppigem Essen zugesprochen haben.

R. v. S.

Die Wichtigkeit des
Ausdrucks eines Menschen
wächst umgekehrt proportional
zur Wichtigkeit
seines Auftrags.

Ihr
Rolf von Sydow

Gedanken über Wichtigtuer sendet der Regisseur und Autor **Rolf von Sydow** (geb. 18. Juni 1924 in Wiesbaden). Über 100 Spielfilme und Fernsehproduktionen tragen seine Handschrift, darunter die Durbridge-Krimis „Wie ein Blitz“ (1970) oder „Das Messer“ (1971).

Ein Satz so auf Kommando
Ist ein Einsatzkommando!
Der Plan muss sich erst setzen,
Dann kommt's vielleicht zu Sätzen.
Mein Hauptsatz ist für heute:
Ich wünsch' noch viele Beute!

Mit herzlichem Gruß
für Herrn Göge.
Wilhelm Semmelroth
10.6.80

Eine riesige TV-Gemeinde hält **Wilhelm Semmelroth** (1914-1992) mit Krimi-Dreiteilern wie „Der rote Schal" (1972) oder „Die Frau in Weiß" (1971) in Atem. Der Fernsehprofi arbeitet als Regisseur mit allen Schauspielstars seiner Zeit zusammen. Markenzeichen: Wie Alfred Hitchcock übernimmt Semmelroth in fast allen Filmen eine kleine Gastrolle.

Wenn einer die Geduld aufbrächte, ein Leben lang Sätze zu sammeln, dann könnte es sein, dass er einmal einen geistreichen fände. Aber Glück müsste er haben.

Freundliche Grüsse

Otto Steiger

P.S. Deutsche Marken sind in der Schweiz nicht gültig!

Während des Krieges ist **Otto Steiger** (1909-2005) als Nachrichtensprecher in der Schweiz die „Stimme der Nation". Die Leidenschaft des Berners gilt aber der Schriftstellerei. Seine 20 Romane und zehn Bücher für junge Erwachsene werden in 17 Sprachen übersetzt, berichtet „Wikipedia".

Nicht zufällig wählt die Schriftstellerin **Dr. Dorothee Sölle** (1929-2003) diese Zeile aus dem biblischen Hohenlied von König Salomo (930 v. Chr.). Als feministische und politische Theologin engagiert sich die Pazifistin in der Friedensbewegung, beteiligt sich an Sitzblockaden vor Raketen- und Giftgasdepots.

Springer

Springer-Verlag
Berlin Heidelberg New York

Geschäftsleitung
Dr. phil. Konrad F. Springer

20. Juni 1980 KFS/sp

Sehr geehrter Herr Göge,

mir liegt Ihr Brief vom 12. d. M. vor mit dem etwas ungewöhnlichen Anliegen, ich möchte Ihnen einen Satz zu Papier bringen, den Sie dann Ihrer Sammlung einverleiben wollen. Ich vermute, daß Sie einen von mir selbst geprägten Satz zu sehen wünschen und da tue ich mich nicht leicht.

Hoffentlich gehören Sie nicht zu der großen Gruppe von Menschen, die wie ich Flugreisen mit schweren Koffern unternehmen müssen und diese dann durch lange Korridore bis zum Ausgang oder zum Zoll schieben müssen.

Nur zu oft schaut man vergeblich nach einem Wagen aus, der einem die Beförderung des Reisegepäckes erleichtern soll. So war es auch kürzlich , als ich aus USA zurückkam und meine Reisebegleiterin sich vergeblich nach einem Reisewagen umschaute und ich Sie tröstete

wo ein Wille ist, ist auch ein Wägelchen.

Wenn Sie diese kleine Selbstironie Ihrer Sammlung einverleiben wollen, so habe ich nichts dagegen.

Hochachtungsvoll

Konrad F. Springer

Dr. Konrad F. Springer

(nach Diktat verreist)

Einen selbstironischen Gedanken über Wille und Wägelchen sendet **Dr. Konrad F. Springer** (1925-1997). Der langjährige Geschäftsführer des Springer-Verlages Heidelberg verlegt vor allem wissenschaftliche Werke. Wegen einer Dependance in New York muss Springer des öfteren über den großen Teich fliegen.

Hasso G. Stachow

an: Herrn Günter Jäger

Besser ein kurzer Satz auf dem Papier als ein Sprung in der Schüssel! Einverstanden?

Hasso G. Stachow

Mit „Der kleine Quast“ verarbeitet **Hasso G. Stachow** (1924-2008) seine bedrückenden Erlebnisse im Zweiten Weltkrieg. Der Werdegang des Hitlerjungen wird ein in mehrere Sprachen übersetzter Bestseller. Stachow ist aber in erster Linie Journalist und Frauenversteher als Chefredakteur der Zeitschriften Schöner Wohnen, Constanze, Für Sie und Freundin.

Kein Zweifel: Schlagersänger **Jürgen Drews** (geb. 2. April 1945 in Nauen bei Berlin) glaubt an sich. Thomas Gottschalk soll ihm den Titel „König von Mallorca“ verliehen haben. Mit dem Hit „Ein Bett im Kornfeld“ steht der Strahlemann mit Löwenmähne auch im Rentenalter noch als Stimmungskanone auf den Bühnen.

Für Herrn Günter Böge:

Die Menschen lassen sich gern Geschichten erzählen. Davon lebt die Literatur seit Jahrtausenden, auch das Theater und seit bald hundert Jahren das Kino.
Wie sollte das Fernsehen darauf verzichten können?

Eberhard Fechner

Hamburg,
den 16.12.1979

Ein begnadeter Geschichtenerzähler ist der Schauspieler und Regisseur **Eberhard Fechner** (1926-1992). Den Stoff für seine Fernsehfilme erarbeitet er sich durch Interviews zum Beispiel im Prozess gegen das Lagerpersonals des KZ Majdanek (Polen). Bekannt wird Fechner durch die Verfilmung von Kempowski-Romanen wie „Tadellöser & Wolf“.

ICH DENKE PAAR SEKUNDEN LANG
AN EINEN BERÜHMTEN MANN
NAMENS GÖGE......

IHR

Einen Skandal löst der Kabarettist und Schauspieler **Hans Wolfgang Otto Neuß** (1923-1989) im Jahr 1962 aus: Am Tag vor der Ausstrahlung des letzten Teils der Durbridge-Krimiserie „Das Halstuch" verrät er via Zeitungsanzeige den Mörder. Als „Mann mit der Pauke" tritt Neuß unter anderem mit Dieter Hildebrandt bei den „Stachelschweinen" auf.

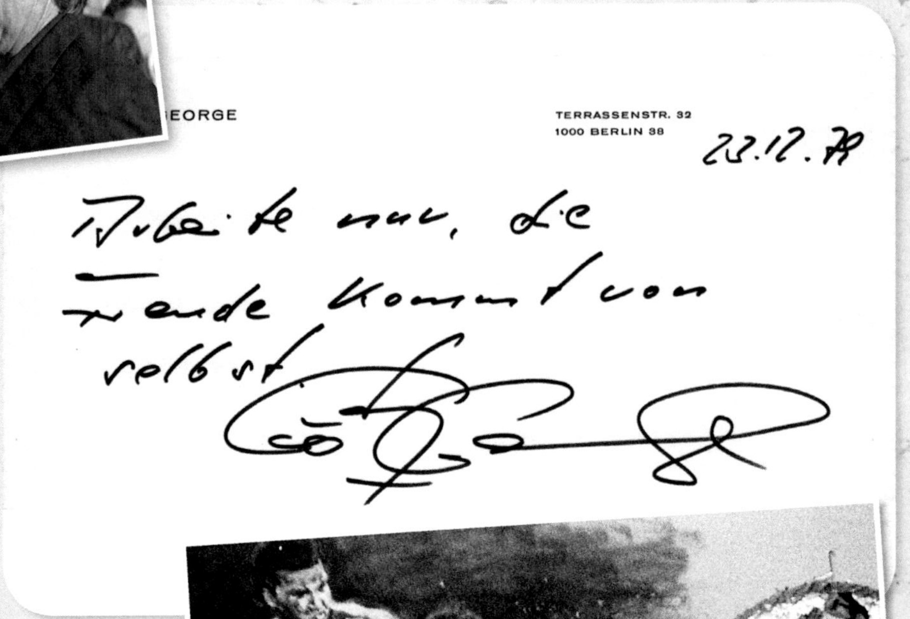
EORGE

TERRASSENSTR. 32
1000 BERLIN 38

23.12.78

Arbeite nur, die
Freude kommt von
selbst.

Schauspieler **Götz George** (geb. 23. Juli 1938 in Berlin), Sohn der Filmstars Heinrich George und Berta Drews, wird durch Karl-May-Verfilmungen („Der Schatz im Silbersee") und seinen hemdsärmeliger Duisburger Fernseh-Kommissar Schimanski im WDR-Tatort bekannt. Danach glänzt er durch tiefgründige Rollen wie Serienmörder Fritz Haarmann („Der Totmacher") oder als gebrochener Boxer („Die Bubi-Scholz-Story").

RAINER ERLER

12.12.79

Die Kinematografie ist nicht erfunden worden, um die Literatur zu illustrieren!

Rainer Erler

rainer erler
regisseur + produzent
D-8157 bairawies
tel 08027-466

Der Kunst des Filmens hat der Autor, Regisseur und Produzent **Rainer Erler** (geb. 23. August 1933 in München) sein Leben gewidmet. Kultstatus erlangt die fünfteilige Science-Fiktion-Serie „Das blaue Palais“. Auch mit seinem Thriller „Fleisch“ über das Thema Organhandel ist der Filmemacher besonders erfolgreich.

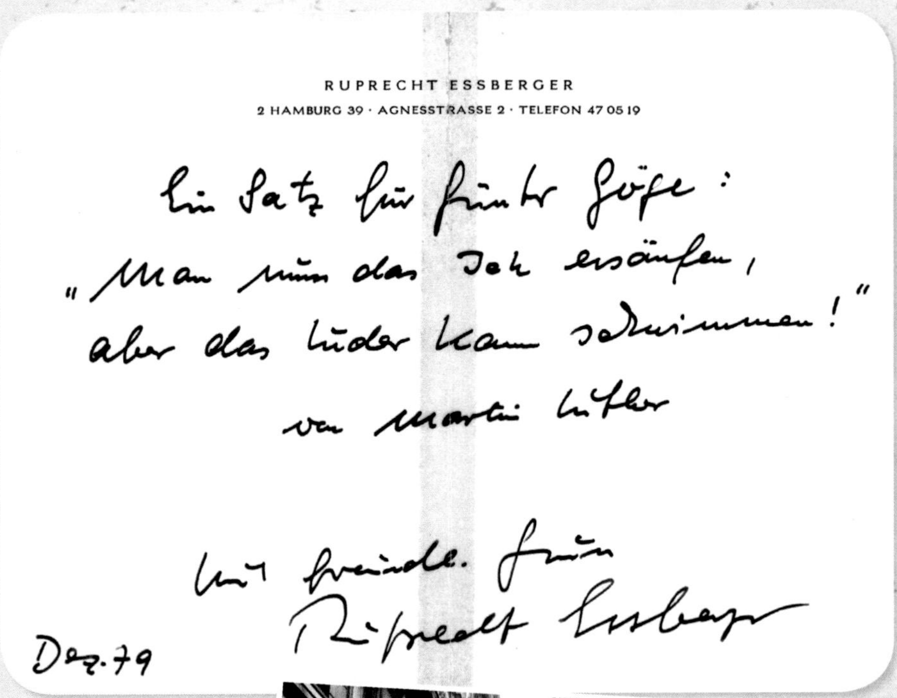

RUPRECHT ESSBERGER

2 HAMBURG 39 · AGNESSTRASSE 2 · TELEFON 47 05 19

Ein Satz für künftige Gäste:
„Man muss das Ich ersäufen,
aber das Luder kann schwimmen!"
von Martin Luther

Mit Freude. Ihr
Ruprecht Essberger

Dez. 79

Die erste Gerichtsshow im deutschen Fernsehen wird von **Ruprecht Essberger** (1923-2005) inszeniert. In „Das Fernsehgericht tagt" (1961-1978) stellt der Regisseur und Autor anhand von Gerichtsakten reale Fälle der Justiz dar. Aber ohne Klamauk wie in den Nachahmer-Sendungen der Privatsender heute.

Flammend rotes Haar und der mit rauchiger Stimme vorgetragener Song „So ein Mann“: Entertainerin **Margot Werner** (1937-2012) aus Österreich wird in Erinnerung bleiben. Während ihrer 50 Bühnenjahre feiert die Chansonsängerin und Tänzerin große Erfolge. Am Ende aber ist der Ruhm verflogen. Wie in dem Goethe-Zitat erträgt sie ihre Tage nicht mehr und nimmt sich das Leben.

Ich und e i n e n Satz? Damit komme
ich nicht aus!

Gisela Schlüter

Bitte lassen Sie mich . . .

Gisela Schlüter

. . . auch mal zu Worte kommen

Als „Quasselstrippe der Nation“ inszeniert sich Kabarettistin **Gisela Schlüter** (1919-1995). In ihrer Fernsehshow „Zwischenmahlzeit“ werden Sprechgeschwindigkeit und nicht enden wollender Redeschwall zum Markenzeichen der Berlinerin. Zum Leidwesen ihrer Bühnenpartner: „Lady Schnatterly“ lässt andere kaum zu Wort kommen.

Die Menschheit überlebt vielleicht doch; man bedenke nur die DDT-festen neuen Mücken.

28. IX. 1980

Mit freundlichem Gruß

Ulrich Sonnemann

Als kritischer Geist macht sich der deutsche Philosoph **Ulrich Sonnemann** (1912-1993) einen Namen. In Publikationen wie „Die Einübung des Ungehorsams in Deutschland“ legt sich der Hochschullehrer mit Justiz und Politik an. Er will „ein angstfreies Staunen in den Menschen“ erwecken, sagt der Querdenker.

Wer ununterbrochen vorwärtsmarschiert,
steht die Hälfte seines Lebens auf
einem Bein.

Mit herzlichem Gruß für Günter Göge:

Manfred Bieler 5.11.79

Es ist die Zeit des größten Erfolges des deutschen Schriftstellers **Manfred Bieler** (1934-2002). Sein Roman „Der Mädchenkrieg“ und die Verfilmung machen ihn bekannt. Bielers Biographie verläuft wechselhaft: Der Erzähler siedelt 1964 von der DDR nach Prag über und emigriert nach dem Einmarsch der Truppen des Warschauer Paktes in die Bundesrepublik.

Wunschgemäss für Herrn Günter Göge,
den freundlichen Sammler, einen Satz:
„Das, was dich trägt, ruht in dir selbst."

Otto Rombach
17. 4. 80

Die meditative Lebensweisheit des deutschen Schriftstellers **Otto August Rombach** (1904-1984) ist eine Abwandlung seiner Veröffentlichung „Das, was dich trägt, ruht in dir selbst" (1979). Berühmtheit erlangt der Journalist durch seinen Roman „Adrian der Tulpendieb" (1935), der 1966 als erste deutsche Fernsehserie komplett in Farbe verfilmt wird.

Prof. Dr. Heinz Haber

1980 Februar 29

Herrn
Günter Göge
Brauberg 10

3540 Korbach 1

Sehr geehrter Herr Göge,

da Sie nun Sätze sammeln, bitte:

"In der Struktur der Schöpfung bilden Raum und Zeit eine geschlossene Einheit; da wir Menschen jedoch Raum und Zeit als zwei völlig verschiedene Wesenheiten empfinden, brauchen wir uns nicht darüber zu wundern, daß wir die Schöpfung nicht begreifen können."

Mit bestem Gruß

Heinz Haber

Prof. Dr. Heinz Haber

„Gefangen in Raum und Zeit" heißt eine Veröffentlichung von **Prof. Dr. Heinz Haber** (1913-1990). Der Astronom und Physiker schafft es wie kaum ein zweiter, schwierige wissenschaftliche Fragen verständlich zu beantworten. Dazu dienen ihm Fernsehreihen wie „Was sucht der Mensch im Weltraum?" und über 30 von ihm verfasste Bücher.

„Es gibt nichts Unendlicheres als wie die Dummheit" HORVATH

Michaela May

Den Schriftsteller Ödön von Horvath (1901-1938) zitiert Schauspielerin **Michaela May** (geb. am 18. März 1952 in München als Gertraud Mittermayr). „Nichts gibt so sehr das Gefühl der Unendlichkeit als wie die Dummheit", lautet das Original. Was etwa soviel heißt wie: Der Dumme stellt sich keine unbequemen Fragen über sich selbst.

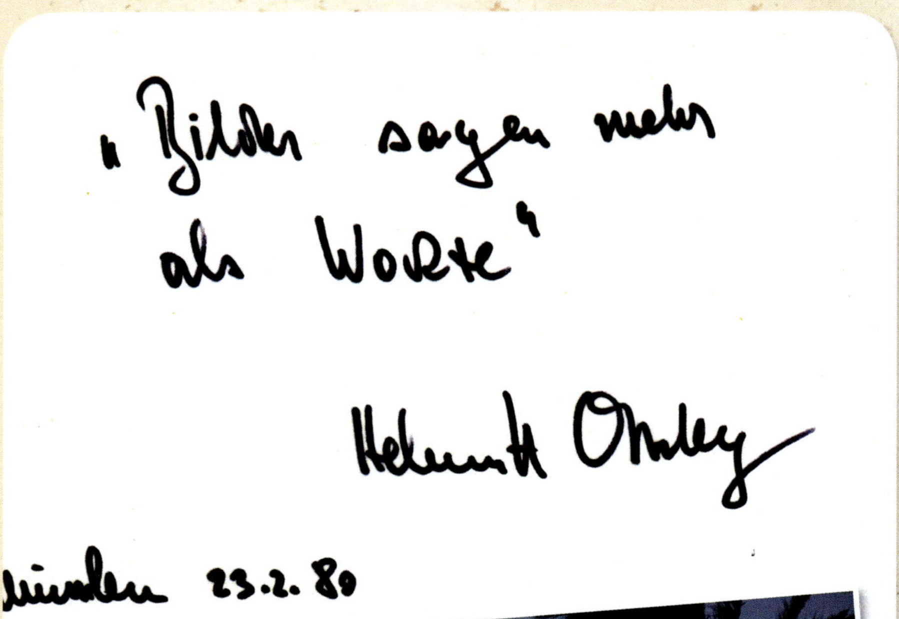

Herr über Bilder und Worte ist der österreichische Regisseur und Drehbuchautor **Helmuth Ashley** (geb. 17. September 1919 in Wien). Der gelernte Fotograf prägt als Kameramann unter anderem den Kriegsfilm „Hunde, wollt Ihr ewig leben“ (1959). Er führt in vielen Fernsehserien Regie, darunter „Der Kommissar“, „Der Alte“ oder „Derrick“.

Ideologen sind Leute, die glauben, daß die Menschheit besser ist als der Mensch

Italo Svevo

[illegible]!

Notorische Weltveränderer nimmt Publizist **Hans Dollinger** (geb. am 5. Februar 1929 in Biberach an der Riß) ins Visier. Er zitiert US-Präsident Dwight David Eisenhower (1890-1969), im Zweiten Weltkriegs Gegenspieler Adolf Hitlers. Über den Weltbrand veröffentlicht der Sachbuchautor eine dreibändige Dokumentation.

Ihren damals aktuellen Schlagertitel schickt 1979 **Lena Valaitis** (geb. am 7. September 1943 in Memel als Anele Luise Valaityte). Zwei Jahre später belegt die deutsch-litauische Sängerin mit dem Titel „Johnny Blue“ den zweiten Platz beim Eurovision Song Contest in Dublin: das Lied über einen blinden Jungen, der Gitarre spielen lernt.

Geld allein macht nicht glücklich, man sollte es auch in der Schweiz haben!

Günter Kallmann

(aus: "Kapital")

Zum Dahinschmelzen: Die Elisabeth-Serenade, vorgetragen von **Günter Kallmann** (geb. 19. November 1927 in Berlin) und seinem gleichnamigen Chor. Es ist 1961 die erste Aufnahme und gleich ein Welterfolg der Gesangsgruppe, die acht goldene Schallplatten einspielt. Der Kallmann-Chor wird für viele Fernsehsendungen („Blauer Bock") gebucht.

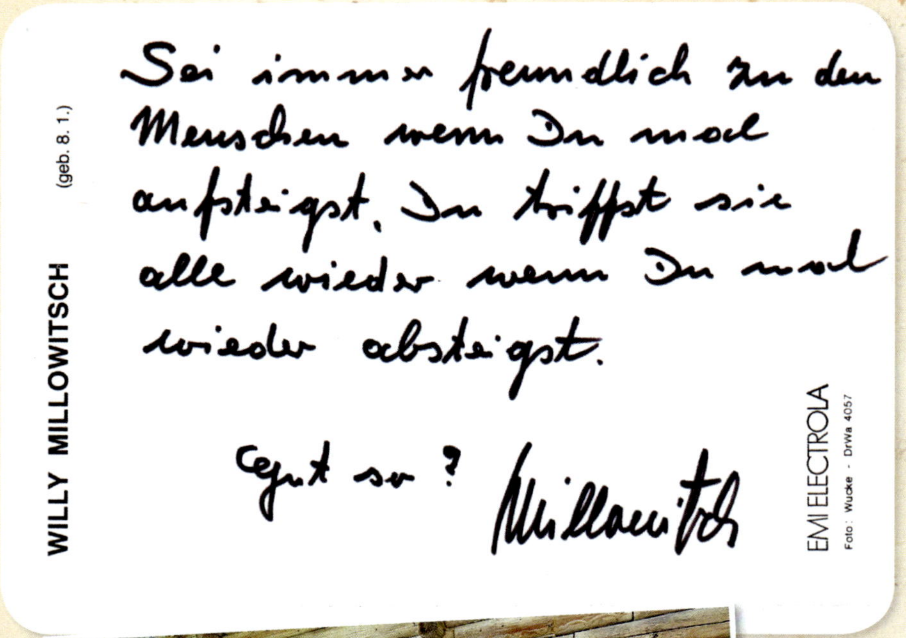

WILLY MILLOWITSCH (geb. 8. 1.)

Sei immer freundlich zu den Menschen wenn Du mal aufsteigst. Du triffst sie alle wieder wenn Du mal wieder absteigst.

Gut so? Millowitsch

EMI ELECTROLA

Foto: Wucke - DrWa 4057

„Schnaps, das war sein letztes Wort" ist ein Gassenhauer von **Willy Millowitsch** (1909-1999). Aber eigentlich ist der kölsche Jung ein bekannter Volksschauspieler mit eigenem Theater. Live-Übertragungen aus dem Millowitsch-Theater werden zu riesigen Publikumserfolgen im Fernsehen. Daneben wirkt der Komödiant mit Bodenhaftung in über 100 Filmen mit.

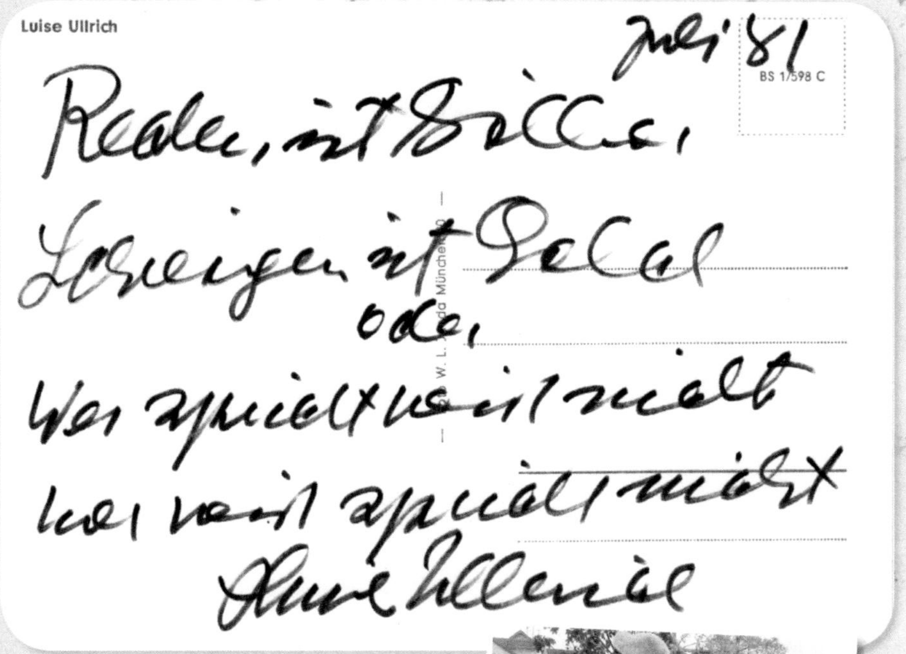
Luise Ullrich

Juli '81

BS 1/598 C

Reden ist Silber,
Schweigen ist Gold
oder,
Wer spielt weiß nicht
wer weiß spielt nicht
Luise Ullrich

Wie Schwiegermutters Ideal wirke **Luise Ullrich** (1910-1985) auf alten Filmplakaten, schreibt der „Spiegel“ im Nachruf. Die österreichische Schauspielerin hat aber mehr zu bieten als „adrett, sauber und herzig“. Letzte große Auftritte genießt sie in Fassbinders Fernsehserie „Acht Stunden sind kein Tag“.

Ich halte nicht viel von großen Worten!

Harald Leipnitz

Mit Sprechen verdient **Harald Leipnitz** (1926-2000) seinen Lebensunterhalt. Als Hauptdarsteller in Karl-May- und Edgar-Wallace-Filmen, auch als Synchronsprecher für Alain Delon („Nur die Sonne war Zeuge“) oder Cary Grant („Sein Mädchen für besondere Fälle“). Der gebürtige Wuppertaler ist auch auf vielen Theaterbühnen zu Hause.

Heinz Maegerlein

D 8032 Gräfelfing
Geigerstrasse 8
Telefon 0 89 / 85 57 05

22. 5. 81

Sehr geehrter Herr Göge,

Ihren Gedanken, Sätze zu sammeln, finde ich sehr gut , dabei recht ungewöhnlich.

Hier ist der von Ihnen gewünschte Satz:

"Unsere Aufgabe im Leben ? Tätige und nicht nur verbale Hilfe für den Nächsten , die Eltern, Kinder, Groß-Eltern, Freunde und Kollegen. Ihren Weg an jedem neuen Tag zu erleichtern und nicht etwa zu erschweren - das ist unsere Aufgabe ".

Freundliche Grüße,

„Tausende standen an den Hängen und Pisten“: **Heinz Maegerlein** (1911-1998) sagt diesen legendären Satz während einer Skireportage 1964. Der Sportpublizist berichtet von Olympischen Spielen, schreibt Sportbücher und moderiert das Fernsehquiz „Hätten Sie`s gewusst?“ In Erinnerung aber bleibt: „Und nun wickeln die Damen ihre 100 Meter Brust ab.“

Lieber Herr Gögge,
mein Satz, bzw. Leitsatz ist:
„Behandle Menschen immer so,
wie Du selbst behandelt werden
willst!"
Alles Liebe
Ihre Uschi Glas

Als Schauspielerin bekannt wird **Uschi Glas** (geb. am 2. März 1944 in Landau/ Isar) 1968: Im Spielfilm „Zur Sache, Schätzchen" strippt sie bis zur weißen Korsage. Danach ist sie als starke Frau ein Publikumsliebling in ungezählten Kino- und Fernsehfilmen. Die sozial engagierte Darstellerin, die mit dem Kind-Award ausgezeichnet wird, reagiert auf die Anwürfe des Boulevards im Alter mit Selbstironie.

RUDOLF NOELTE

Gib mir die Gelassenheit,
Dinge hinzunehmen,
die ich nicht ändern
kann;
gib mir den Mut,
Dinge zu ändern,
die ich ändern kann;
und gib mir die Weisheit,
das eine vom andern
zu unterscheiden!

F. Ch. Oetinger
(1702 - 1782)

Mit herzlichen Grüßen
für Herrn Günter Göge!

Rudolf Noelte 26. MÄRZ 1981

Um Gelassenheit betet der Regisseur **Rudolf Noelte** (1921 - 2002), der als Perfektionist gefürchtet ist. An vielen deutschen Theaterbühnen sind laut „Wikipedia" seine fast mathematisch bis ins kleinste Detail vorbereiteten Proben in Erinnerung. Der gebürtige Berliner hinterlässt laut „Spiegel" strapazierte Techniker, zermürbte Schauspieler, aber auch glanzvolle Aufführungen.

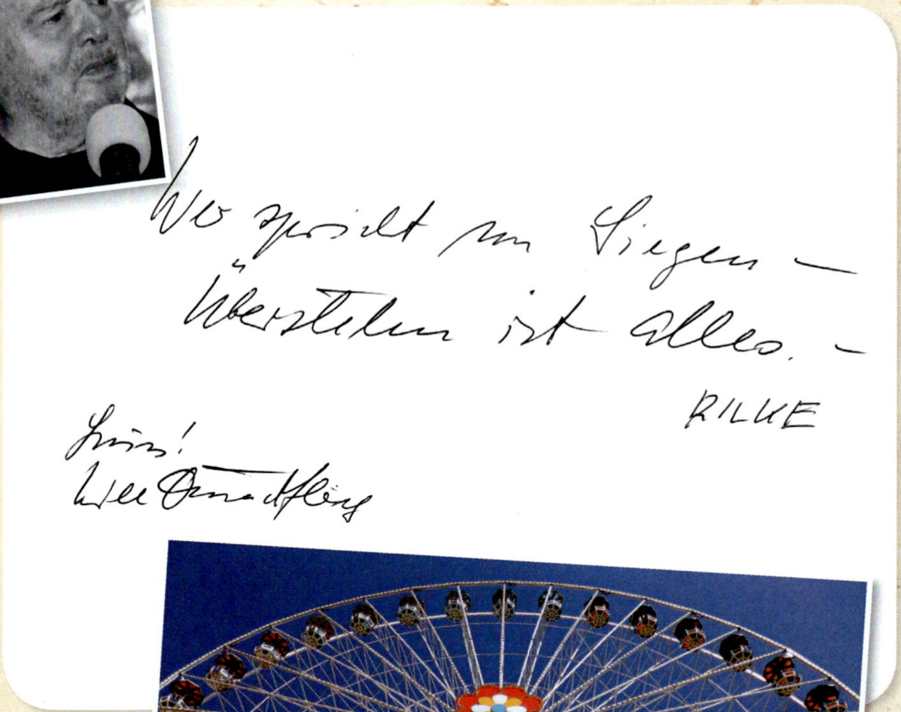

Nur wenige Darsteller genügen den Ansprüchen des Theater-Regisseurs Rudolf Noelte. **Will Quadflieg** (1914-2003) zählt mit ausdrucksvoller Sprechweise zu den Ausnahmen. Goebbels verpflichtet den Theater-Schauspieler 1940 nach Berlin, wo Heinrich George sein Lehrmeister wird. Mit der Verkörperung des Faust auf der Bühne und später im Gründgens-Film wird er zum Star.

SCHNEE
IST
NIRGENDS
WEISSER
ALS
IN
SEINER
WOLKE.

Als Schauspieler ist **Alexander May** (1927-2008) in Fernsehreihen wie „Freunde fürs Leben“, „Tatort“ oder „Forsthaus Falkenau“ zu sehen. Für seine Rolle in „Tätowierung“ erhält er 1968 den Bundesfilmpreis. Daneben arbeitet der gebürtige Görlitzer auch als Regisseur, Intendant und Drehbuchautor.

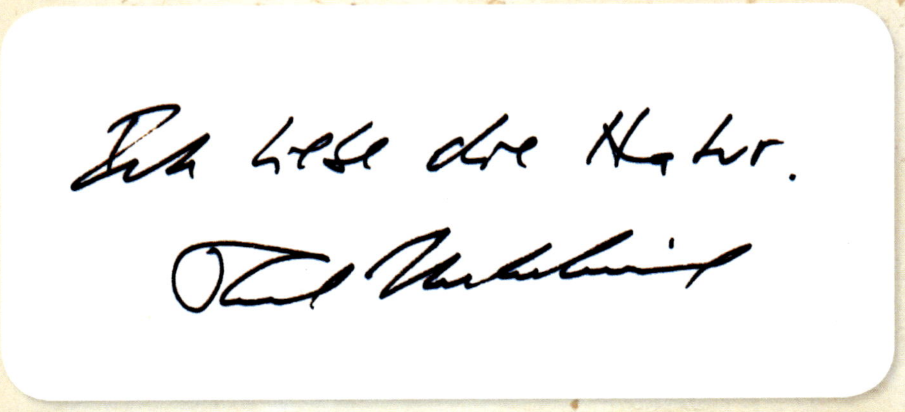

Als „schönster Mann des deutschen Nachkriegsfilms“ gilt **Paul Hubschmid** (1917-2002). Der Schweizer Schauspieler verdient sich diesen Titel durch Fritz Langs „Der Tiger von Eschnapur“ oder „Die Züricher Verlobung“ mit Liselotte Pulver. Später steht der Wahl-Berliner in Fernsehserien wie „Kir Royal“ vor der Kamera.

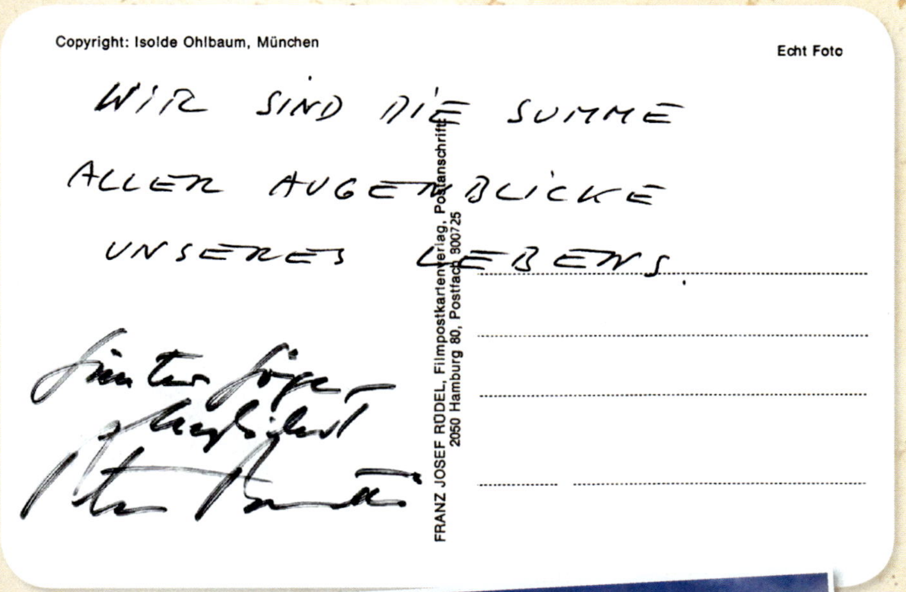

Den amerikanischen Schriftsteller Thomas Wolfe zitiert **Peter Viktor Rolf Pasetti** (1916-1996). Der deutsche Theater- und Fernseh-Schauspieler wirkt in ungezählten TV-Serien wie „Der Kommissar“, „Tatort“ oder „Der Alte“ mit. Als Synchronsprecher leiht der Ex-Mann von Margot Werner unter anderem Humphrey Bogart seine Stimme.

MÜNCHEN 23.7.82

Sehr geehrter Herr Göge -

Sie baten mich einen Satz meiner Wahl an Sie zu schreiben, eigentlich habe ich dies schon mit diesem Satz getan, aber fügen wir doch noch einen hinzu.

„Nichts wird so heiß gegessen wie es gekocht wird!"

Mit freundlichem Gruß

Karin Dor

Das erste deutsche James-Bond-Girl ist **Karin Dor** (geb. 22. Februar 1938 in Wiesbaden als Kätherose Derr). Die deutsche Kinolegende sieht Sean Connery tief in die Augen in „Man lebt nur zweimal". Sie ist Winnetous Geliebte und spielt die Schöne in vielen Edgar-Wallace-Filmen. Auch mit Alfred Hitchcock arbeitet sie in „Topas" zusammen.

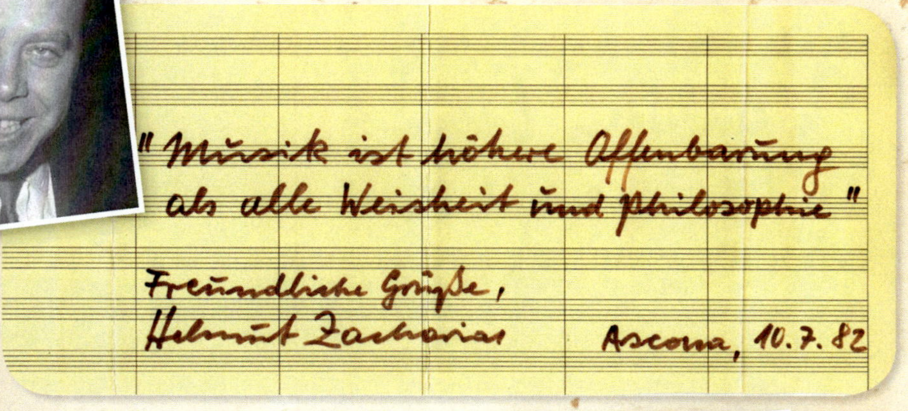
"Musik ist höhere Offenbarung
als alle Weisheit und Philosophie"

Freundliche Grüße,
Helmut Zacharias

Ascona, 10.7.82

Auf Ludwig van Beethoven beruft sich Violinist **Helmut Zacharias** (1920-2002). Mit 13 Millionen Schallplatten und über 400 Eigenkompositionen zählt er zu den fleißigsten und erfolgreichsten deutschen Musikern. Mit „Wenn der weiße Flieder wieder blüht" erobert der Geiger in den 1950er Jahren sogar die amerikanischen Charts.

Was ist der Sinn
in meinem Leben?
Es kann nicht stets
die Sonne lachen –
es muss auch trübe
Tage geben –
weil die erst stark
den Menschen
machen!
(frei nach Eug. Roth)
6-7-82

FRANZ JOSEF RÜDEL, Filmpostkartenverlag, Postanschrift:
2050 Hamburg - Postfach 600725

Copyright by Roswitha Hecke,
Joachimstraße 19, 463 Bochum

Besonders erfolgreich ist der Schauspieler **Klaus Höhne** (1927-2006) als Kommissar Konrad, der erste „Tatort"-Ermittler des Hessischen Rundfunks. Er arbeitet mit namhaften Regisseuren wie Visconti („Die Verdammten") oder Fassbinder („Berlin Alexanderplatz") zusammen und synchronisiert Richard Harris in der Harry-Potter-Filmreihe.

Es war an einem regnerischen Vormittag

Hermann Lenz
1.2.80

Autobiographische Romane wie „Neue Zeit" sind eine besondere Stärke des Schriftstellers **Hermann Lenz** (1913-1998). In dem 1975 erstmals veröffentlichten Buch schildert der große Erzähler seine grausamen Erlebnisse als Soldat an der Ostfront. Zum Durchbruch verhilft dem späteren Büchner-Preisträger (1978) sein Kollege Peter Handke.

FRANZ JOSEF DEGENHARDT

schreibt einen Satz

„Spiel nicht mit den Schmuddelkindern“ (1965) ist das bekannteste Lied von **Franz Josef Degenhardt** (1931-2011). Der Protestsänger genießt mehr als drei Jahrzehnte lang Kult-Status in linken Kreisen. Mit hintersinnigen Balladen wie „Väterchen Franz“ kommentiert der überzeugte Kommunist das Milieu der bundesdeutschen Kleinbürger.

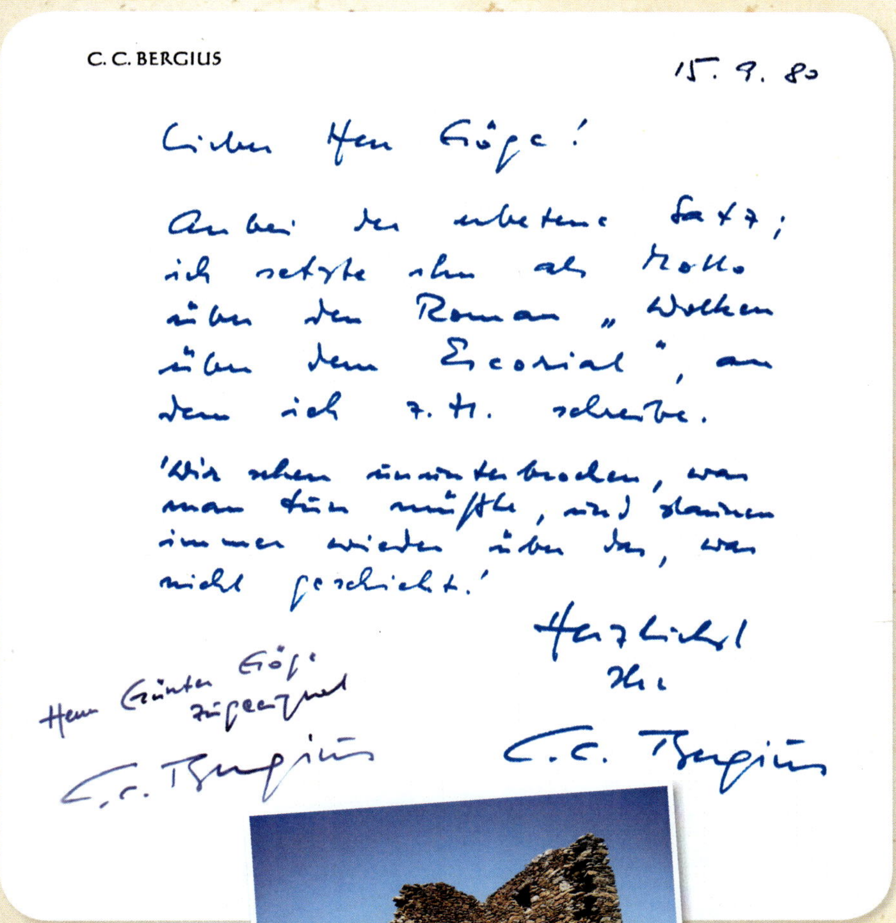

C. C. BERGIUS

15. 9. 80

Lieber Herr Götz!

Anbei den erbetenen Satz; ich setzte ihn als Motto über den Roman „Wolken über dem Escorial", an dem ich z. Zt. schreibe.

'Wir sehen ununterbrochen, was man tun müßte, und staunen immer wieder über das, was nicht geschieht.'

Herzlichst
Ihr
C. C. Bergius

Herrn Günter Götz zugeeignet
C. C. Bergius

Die Fernsehserie „Straße der Piloten", eine Dokumentation über die Luft- und Raumfahrt, machen **C. C. Bergius** (1910-1996) bekannt. Hinter dem Künstlername Bergius verbirgt sich Egon-Maria Zimmer, ein gelernter Fluglehrer und Testpilot. Seine Romane erreichen dank des Bertelsmann-Buchclubs eine Gesamtauflage von elf Millionen Exemplaren.

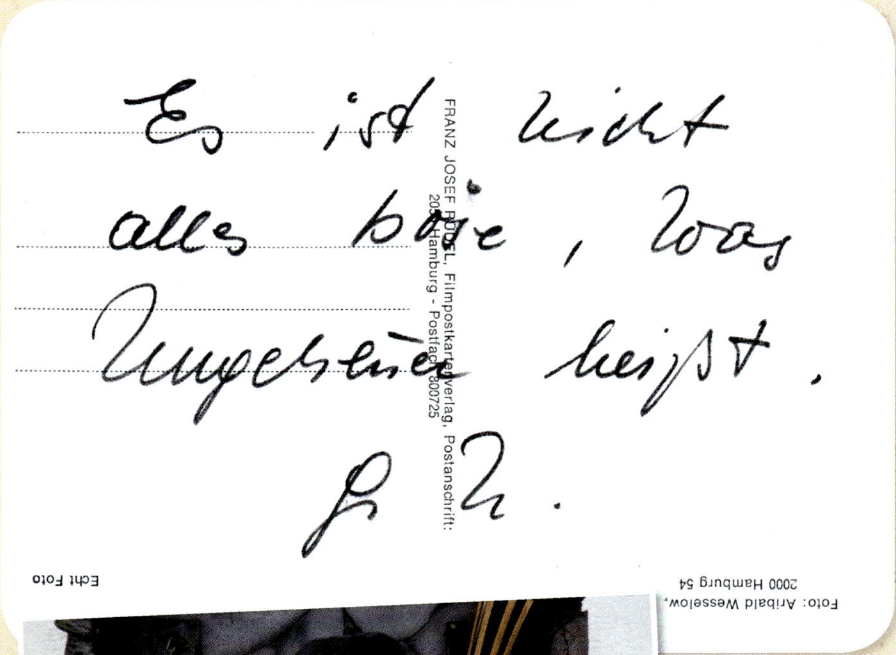

Es ist nicht alles böse, was Ungeheuer heißt.

G. U.

FRANZ JOSEF RÜDEL, Filmpostkartenverlag, Postanschrift:
205 Hamburg - Postfach 800725

Echt Foto

Foto: Aribald Wesselow,
2000 Hamburg 54

Als Schauspieler ist **Günther Ungeheuer** (1925-1989) Dauergast im deutschen Fernsehen. Er verkörpert viele Figuren in Krimi-Serien wie „Der Kommissar“, „Derrick“ oder „Der Alte“. Wegen seiner markanten Gesichtszüge ist er auf Bösewichte abonniert oder zwielichtige Typen wie „Harry Brent“ in der gleichnamigen Durbridge-Reihe.

HEINZ SIELMANN-PRODUKTION

AM GÄNSEBÜHEL 13
8000 MÜNCHEN 60
TEL. 089-8112181

Das Leben ist schön so lange man sich auf etwas freuen kann.

Mit freundlichen Grüßen

Ihr Heinz Sielmann

2.8.1980

Spechte, Robben, Paradiesvögel: Mit spektakulären Aufnahmen von Tieren in freier Wildbahn hat sich **Heinz Sielmann** (1917-2006) einen Namen gemacht. 30 Jahre lang ist der Biologe das Gesicht der Fernsehserie „Expedition ins Tierreich". Die nach ihm benannte Stiftung will durch Ankauf von Biotopen Lebensräume für bedrohte Arten schaffen.

Axel von Ambesser
Leopoldstraße 17 V
8 MÜNCHEN 40
Tel.: 39 49 72

Lieber Herr [illegible]

Hier ist ein Satz:
Er stammt von Erich Kästner

„Es gibt nichts Gutes
– außer man tut es."

Nun habe ich es getan
Beste Grüße

Axel Ambesser

Schier unerschöpflich ist der Schaffensdrang von **Axel von Ambesser** (1910-1988), der eigentlich Axel Eugen Alexander von Oesterreich heißt. Der vielfach ausgezeichnete Schauspieler, Autor und Regisseur („Der brave Soldat Schwejk" mit Heinz Rühmann) zitiert hier Erich Kästners Plädoyer für das Handeln.

Berlin d. 12.7.84

Ein Satz, der fehlt,
sehr lange quält –
er fliegt heraus
die Qual ist aus!

Gerd Albrecht

Leicht und locker nimmt der deutsche Dirigent **Prof. Gerd Albrecht** (1935-2014) das Thema auf. Die Staatsoper Hamburg, die Deutsche Oper Berlin und die Tschechische Philharmonie Prag sind Stationen seines künstlerischen Schaffens. Geiger David Garrett, inzwischen weltbekannter Popstar, wird in jungen Jahren von Albrecht gefördert.

NFP

NEUE FILMPRODUKTION GMBH & CO KG

NEUE FILMPRODUKTION GMBH & CO KG KURFÜRSTENDAMM 54/55 · 1000 BERLIN 15

KURFÜRSTENDAMM 54/55
1000 BERLIN 15
TELEFON 0 30/8 82 74 88*
TELEX 01 849 97

24. September 1984
Ba/ukb

Herrn
Günter Göge
Walmestrasse 19
3540 Korbach

Sehr geehrter Herr Göge,

ich danke Ihnen für Ihr Schreiben vom 19. Juli 1984 und trage hiermit einen Satz zu Ihrer Sammlung bei:

Regisseur zum Kameramann (b. Drehen): "Nicht denken – schwenken!"

Mit freundlichen Grüssen

- Herbert Ballmann -
NEUE FILMPRODUKTION
GMBH & CO KG

Die „Drei Damen vom Grill“ sind von ihm oder auch die „Praxis Bülowbogen“: **Herbert Ballmann** (1924-2009) produziert erfolgreich Fernsehserien. Seine bekannteste Arbeit als Regisseur ist die Filmkomödie „Einmal Ku`damm und zurück“. So hat der Ex von Schauspielerin Gisela Uhlen des öfteren auch mit Kameramännern zu tun.

Walter Kempowski
Landlehrer
2131 Nartum

Klare Sache
und damit hopp!

W. Kempowski

Aus seinem erfolgreichen Buch „Tadellöser & Wolf" zitiert Schriftsteller **Walter Kempowski** (1929-2007). Die Verfilmung der Familienchronik aus der Kriegszeit zählt zu den Fernsehklassikern, der Spruch der Roman-Familie wird zum geflügelten Wort. Trotz seiner literarischen Erfolge bezeichnet sich der gelernte Pädagoge 1980 als Landlehrer.

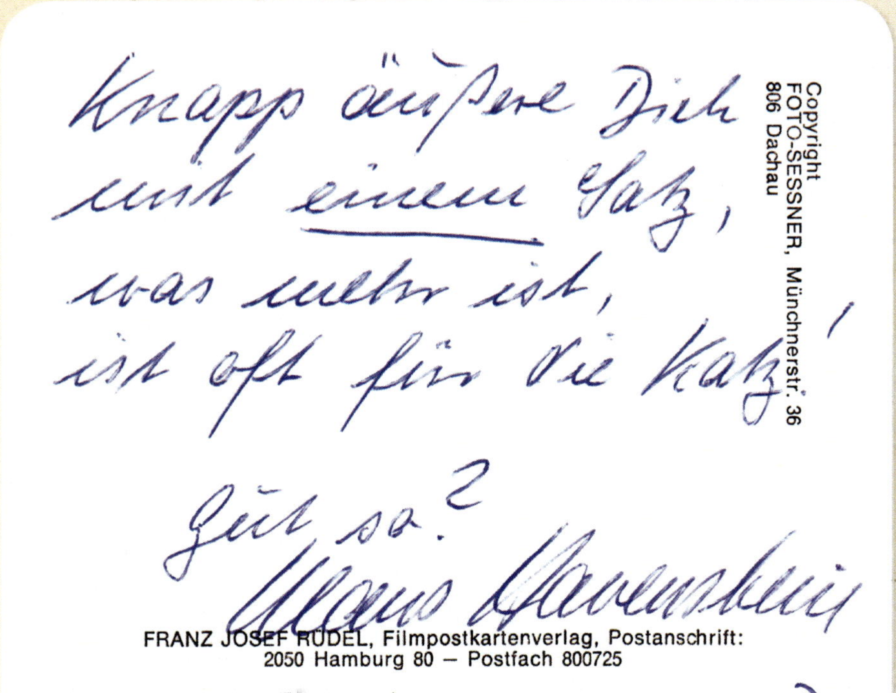

Knapp äußere Dich
mit einem Satz,
was mehr ist,
ist oft für die Katz!

Gut so?
Klaus Havenstein

FRANZ JOSEF RÜDEL, Filmpostkartenverlag, Postanschrift:
2050 Hamburg 80 – Postfach 800725

Copyright
FOTO-SESSNER, Münchnerstr. 36
806 Dachau

Ein Satz (Christen) und ein Gruß
Klaus Havenstein

Bissige und provozierende Unterhaltung ist die Stärke von Kabarettist **Klaus Havenstein** (1922-1998). Via Fernsehen und der Münchener Lach- und Schießgesellschaft kennt ihn die ganze Nation. Unvergessen aber auch: Der Schauspieler leiht dem Affenkönig „King Louie" in der Verfilmung des „Dschungelbuchs" von Walt Disney seine Stimme.

KARL-HEINZ KÖPCKE

Über dieses Ansinnen bin ich doch fast sprachlos!

Millionen Fernsehzuschauer erwarteten ihn Abend für Abend in ihrem Wohnzimmer: **Karl-Heinz Köpcke** (1922-1991), den Chefsprecher der Tagesschau. Veränderungen wie Fliege statt Schlips oder ein Schnäuzer lösen Stürme der Entrüstung aus. Aber das Schlimmste, was einem Nachrichtensprecher passieren kann? Sprachlos zu sein.

PS: „Man schenkt sich Rosen in Tirol, daß tut man auch in Dortmund, woll"?

Herzliche grüße!
Fred Bertelmann
2.11.79

Humorvoll ergänzt hat **Fred Bertelmann** (1925-2014) das bekannte Lied aus der Operette „Der Vogelhändler". Der Schauspieler und Sänger selbst wird mit dem Schlager „Der lachende Vagabund" berühmt: Fünf Millionen Mal verkauft sich die Platte mit dem Titel weltweit. Die Melodie ermöglicht dem Bariton auch Musical-Auftritte in den USA.

Der Christ ist ein Mensch, der steht. Er geht nicht sofort in Deckung.

+ Joseph Card. Höffner

Bis zum Erzbischof von Köln bringt es der Westerwälder Bauernsohn **Joseph Kardinal Höffner** (1906-1987). Gesellschaftspolitisch ist der ehemalige Vorsitzende der Deutschen Bischofskonferenz aber „keineswegs ein Hinterwäldler", wie der „Spiegel" in seinem Nachruf auf das „Bollwerk" schreibt. Der Geistliche schickt ein Plädoyer für Zivilcourage.

Willi Heinrich

Im Schönbrunn 7
7580 Bühl-Neusatz 11.1.80

Besser ein Satz zuwenig, als ein Wort zuviel!

30 bis 40 Millionen Mal werden die Bücher des Schriftstellers **Willi Heinrich** (1920-2005) weltweit verkauft. Schon sein Debütroman „Das geduldige Fleisch“ über die Gräuel des Zweiten Weltkriegs ist ein Bestseller. Das Buch wird unter dem Titel „Steiner - Das Eiserne Kreuz“ mit den Schauspielern Maximilian Schell und Senta Berger verfilmt.

Ich werde älter
und ich lerne und lerne dazu
(Solon)
Walter Jens

Den griechischen Weisen Solon (um 600 v. Chr.) zitiert der deutsche Schriftsteller **Walter Jens** (1923-2013). „Ich werde alt und lerne doch immer noch vieles dazu“, heißt es in einer Spruchweisheit des Staatsmanns aus Athen. Der kämpferische Intellektuelle Jens schreibt diesen Satz um 1980, als er noch nicht an Demenz erkrankt ist.

REX GILDO

22.01.80
G/E

Ein Satz für Günter Göge:

Es ist gut, die Welt für gut zu halten,
auch wenn sie alles andere ist, als gut.

Rex Gildo

Sehr desillusioniert klingt der Schlagersänger Alexander Ludwig Hirtreiter alias **Rex Gildo** (1936-1999). Frauenschwarm „sexy Rexy" singt zwar fröhliche Lieder („Fiesta Mexicana"), bewegt sich aber in einer Scheinwelt. Nach einem heftigen Streit mit seinem 37 Jahre jüngeren Lebensgefährten springt er laut „Welt" aus dem Fenster und stirbt drei Tage später an den inneren Verletzungen.

Der Erfolg hat viele Väter –
der Mißerfolg ist ein Waisenkind

Mit Grüßen Inge Meysel
5/3.80

Als „Mutter der Nation“ fliegen der deutschen Schauspielerin **Inge Meysel** (1910-2004) die Sympathien zu. Resolut und couragiert - wie die von ihr gespielte „Käthe Scholz“ in „Die Unverbesserlichen“. Und sie sei „immer so fantastisch schlecht gelaunt“, findet die „FAZ“ in ihrem Nachruf. Eine Frau „mit Herz und Schnauze“.

HILDEGARD KNEF

Nach Ovid – „Liebe ist eine Art von Kriegszustand – ..“

Ja, ja, die Liebe: „Für mich soll's rote Rosen regnen“, singt **Hildegard Frieda Albertine Knef** (1925-2002) mit herber Stimme. Die Chansonsängerin ist dreimal verheiratet. Als Schauspielerin sorgt sie für einen Skandal im deutschen Nachkriegskino: In „Die Sünderin“, einem Film über die Tabus Prostitution und Freitod, lässt „die Knef“ alle Hüllen fallen.

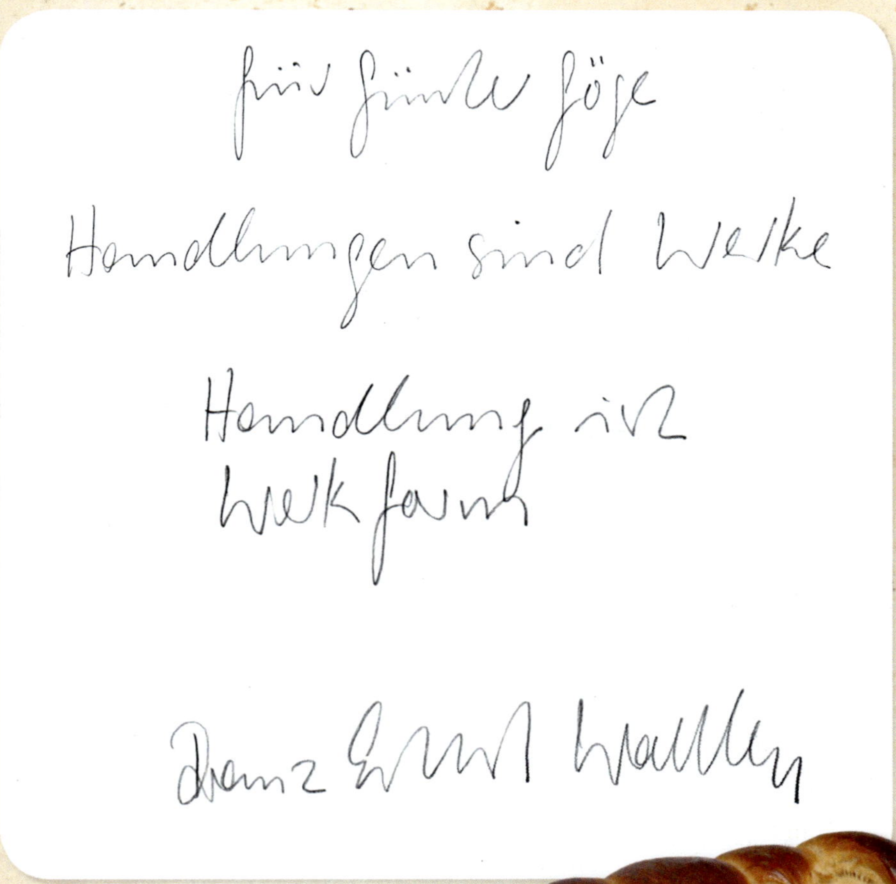

Einer der einflussreichsten deutschen Künstler der vergangenen Jahrzehnte ist **Franz Erhard Walther** (geb. 22. Juli 1939 in Fulda). Seine Anfänge als Bildhauer gehen laut „Wikipedia“ auf einen Modellierkurs im elterlichen Bäckereibetrieb zurück. Mit 32 Jahren wird der Konzeptkünstler als Professor an die Hochschule für bildende Künste Hamburg berufen.

„... aber wer weiß, wofür's gut ist"

bei all den kleinen Enttäuschungen
des Lebens zu verwenden.

Eleonore Weisgerber

Bitter enttäuscht ist **Eleonore Weisgerber** (geb. 18. August 1947 in Wiesbaden), wie „Welt Online" schreibt. Der bekannten deutschen Schauspielerin droht nach 45 Jahren Arbeit die Altersarmut mit einer Mini-Rente. Fernsehzuschauer kennen sie aus der Serie „Praxis Bülowbogen" und Krimis wie „Der Kommissar" oder „Der Alte".

Adolf Muschg Vorbühlstrasse 7 CH-8802 Kilchberg Tel. 01-715 55 61

Für Günter Göge:

Einen Satz
ohne Gegen-Satz
haben Sie
geschenkt.

Kilchberg, Dezember 80

Adolf Muschg

Sätze sind das tägliche Brot des Schweizer Dichters **Friedrich Adolf Muschg** (geb. 13. Mai 1934 in Zillikon, Kanton Zürich). Fast 30 Jahre lang arbeitet er als Professor für deutsche Sprache und Literatur an der Hochschule Zürich. In seinen Romanen wie „Kinderhochzeit" mixt er spannenden Krimi mit ergreifender Liebe und scharfer Gesellschaftskritik.

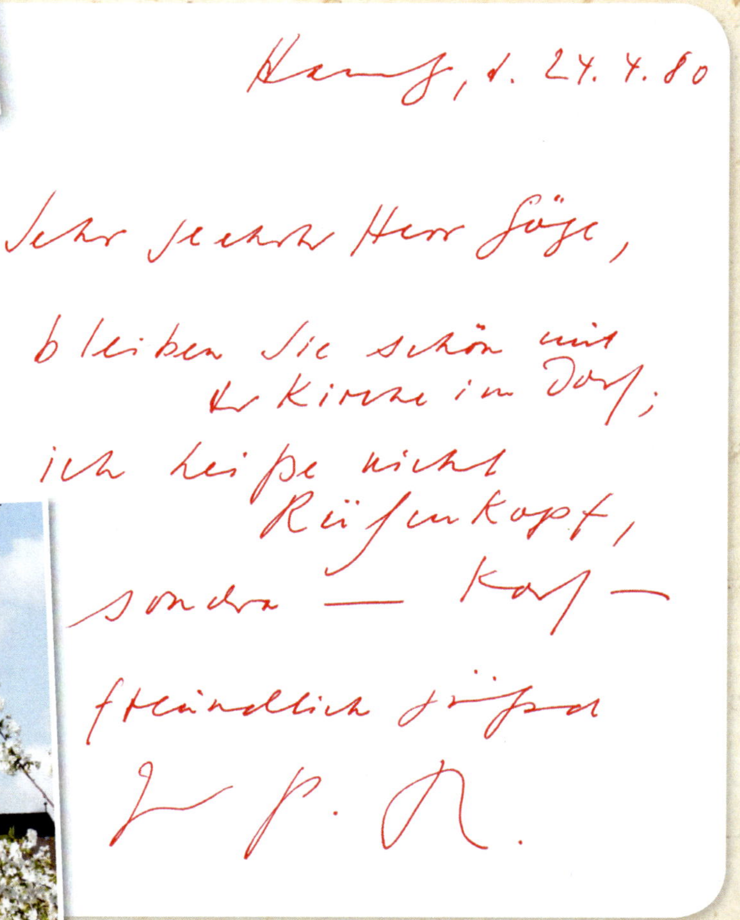

Hamb., d. 24. 4. 80

Sehr geehrter Herr Göge,

bleiben Sie schön mit der Kirche im Dorf; ich heiße nicht Rüsenkopf, sondern — korf —

freundlich grüßend

Ihr P. R.

Einen peinlichen Tippfehler im Anschreiben nutzt der deutsche Lyriker **Peter Rühmkorf** (1929-2008) zu einer schmunzelnden Replik. Sie passt so recht zum ironischen Werk des Schriftstellers. „Er setzte sich gern die Narrenkappe auf, deshalb war er so tiefsinnig", schreibt der „Spiegel" in seinem Nachruf.

Wolf v. Lojewski

Sehr geehrter Herr Göge,

da ich Sie nicht kenne, hier ein Satz , den ich einem Kollegen sagte, kurz bevor ich endlich einmal durch meine Post kramte:

Stellen Sie nur dann Fragen an Politiker, wenn Sie die Antwort wirklich interessiert .

Gruß

den 29. Februar 198o

Als „Urgestein des Fernsehens" wird der Journalist **Wolf von Lojewski** (geb. 4. Juli 1937 in Berlin) von seinen Kollegen gesehen. „Lojo", wie sie ihn nennen, ist während Vietnam-Krieg und Watergate-Affäre als US-Korrespondent in Washington. Danach übernimmt er die Moderation von „Weltspiegel", „Tagesthemen" und schließlich des „heute-journals".

MARIA SCHELL

Unser Leben bleibt immer ein Fragment
Es kommt nur darauf an
dass man spürt –
wie das Ganze gedacht war.

Für ihre Mutter Maria Schell (1926-2005) antwortet die Tochter, Schauspielerin **Marie Theres Relin** (geb. 30. Juni 1966 in München). Während deren Ehe mit dem Dramatiker Franz Xaver Kroetz ruht die Karriere der dreifachen Mutter. Nach ihrer Scheidung steht sie wieder vor der Kamera, zum Beispiel bei „Kreuzfahrt ins Glück“.

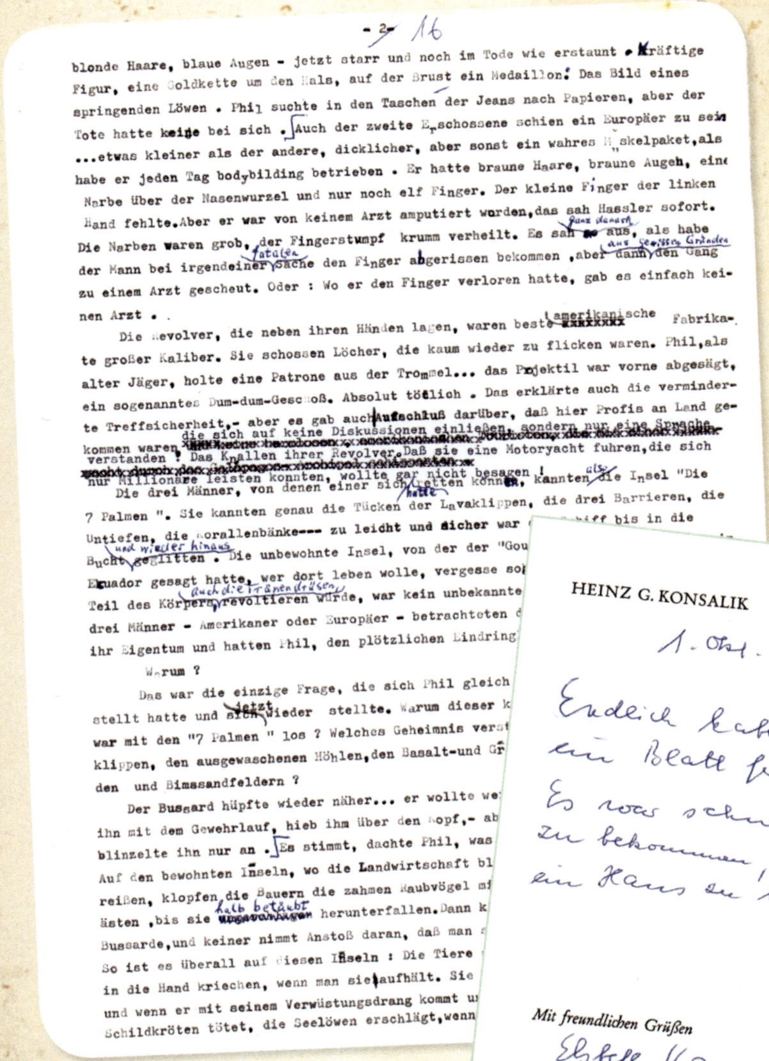

- 2- 16

blonde Haare, blaue Augen - jetzt starr und noch im Tode wie erstaunt . Kräftige Figur, eine Goldkette um den Hals, auf der Brust ein Medaillon: Das Bild eines springenden Löwen . Phil suchte in den Taschen der Jeans nach Papieren, aber der Tote hatte keine bei sich . Auch der zweite Erschossene schien ein Europäer zu sein ...etwas kleiner als der andere, dicklicher, aber sonst ein wahres Muskelpaket,als habe er jeden Tag bodybilding betrieben . Er hatte braune Haare, braune Augen, eine Narbe über der Nasenwurzel und nur noch elf Finger. Der kleine Finger der linken Hand fehlte.Aber er war von keinem Arzt amputiert worden,das sah Hassler sofort. Die Narben waren grob, der Fingerstumpf krumm verheilt. Es sah ganz danach aus, als habe der Mann bei irgendeiner fatalen Sache den Finger abgerissen bekommen ,aber aus gewissen Gründen den Gang zu einem Arzt gescheut. Oder : Wo er den Finger verloren hatte, gab es einfach keinen Arzt . .

Die Revolver, die neben ihren Händen lagen, waren beste amerikanische Fabrikate großer Kaliber. Sie schossen Löcher, die kaum wieder zu flicken waren. Phil,als alter Jäger, holte eine Patrone aus der Trommel... das Projektil war vorne abgesägt, ein sogenanntes Dum-dum-Geschoß. Absolut tödlich . Das erklärte auch die verminderte Treffsicherheit,- aber es gab auch Aufschluß darüber, daß hier Profis an Land gekommen waren, die sich auf keine Diskussionen einließen, sondern nur eine Sprache verstanden : Das Knallen ihrer Revolver. Daß sie eine Motoryacht fuhren,die sich nur Millionäre leisten konnten, wollte gar nicht besagen !

Die drei Männer, von denen einer sich retten konnte hatte, kannten als die Insel "Die 7 Palmen ". Sie kannten genau die Tücken der Lavaklippen, die drei Barrieren, die Untiefen, die Korallenbänke--- zu leicht und sicher war ... iff bis in die Bucht und wieder hinaus geglitten . Die unbewohnte Insel, von der der "Gou

Ecuador gesagt hatte, wer dort leben wolle, vergesse so

Teil des Körpers, auch die Tränendrüsen, revoltieren würde, war kein unbekannte

drei Männer - Amerikaner oder Europäer - betrachteten d

ihr Eigentum und hatten Phil, den plötzlichen Eindring

Warum ?

Das war die einzige Frage, die sich Phil gleich

stellt hatte und jetzt wieder stellte. Warum dieser k

war mit den "7 Palmen " los ? Welches Geheimnis vers

klippen, den ausgewaschenen Höhlen,den Basalt-und Gr

den und Bimssandfeldern ?

Der Bussard hüpfte wieder näher... er wollte we

ihn mit dem Gewehrlauf, hieb ihm über den Kopf,- ab

blinzelte ihn nur an . Es stimmt, dachte Phil, was

Auf den bewohnten Inseln, wo die Landwirtschaft bl

reißen, klopfen die Bauern die zahmen Raubvögel m

ästen ,bis sie halb betäubt herunterfallen.Dann k

Bussarde,und keiner nimmt Anstoß daran, daß man

So ist es überall auf diesen Inseln : Die Tiere

in die Hand kriechen, wenn man sich aufhält. Sie

und wenn er mit seinem Verwüstungsdrang kommt u

Schildkröten tötet, die Seelöwen erschlägt,wenn

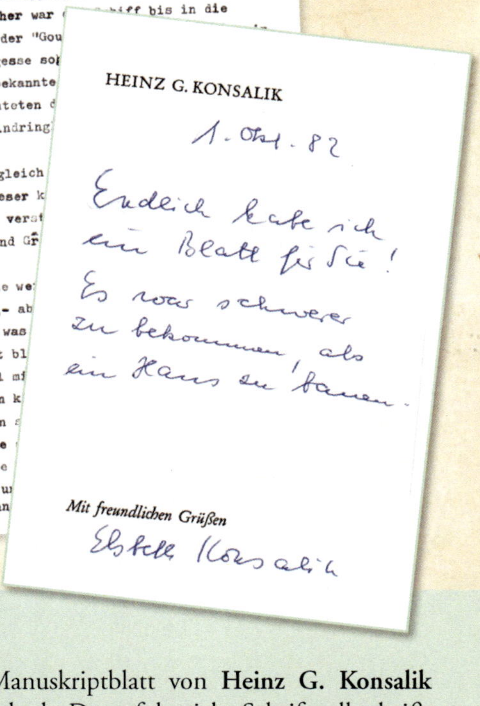

HEINZ G. KONSALIK

1. Okt. 82

Endlich habe ich ein Blatt für Sie! Es war schwerer zu bekommen, als ein Haus zu bauen.

Mit freundlichen Grüßen

Elsbeth Konsalik

Ein mit Schreibmaschine getipptes Manuskriptblatt von **Heinz G. Konsalik** (1921-1999) schickt seine erste Frau Elsbeth. Der erfolgreiche Schriftsteller heißt eigentlich Heinz Günther. Seine über 150 Romane werden laut Wikipedia in einer Weltauflage von 83 Millionen Exemplaren verkauft. Verfilmt wird unter anderem „Der Arzt von Stalingrad".

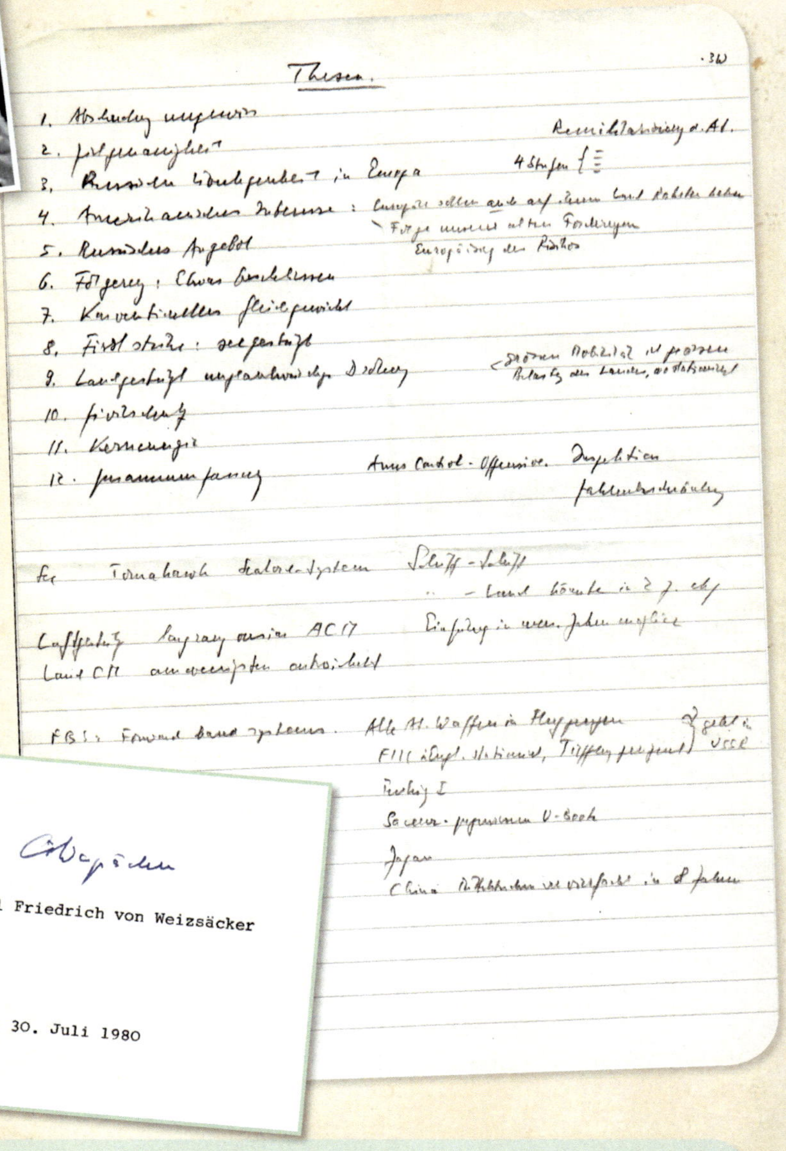

Der Physiker und Friedensforscher **Carl Friedrich von Weizsäcker** (1912-2007) steuert die handgeschriebene Gliederung eines Vortrags bei. Er schreibt aus Starnberg, wo das Max-Planck-Institut für seine Forschungen gegründet worden war. Ab 1980 setzt sich der Philosoph als Vortragsreisender und Autor für einen „radikalen Pazifismus" ein.

Verstehe ich Sie recht, Sie wollen einen Satz von mir?
Bitte:

Es ist wissenschaftlich erwiesen, dass Nichtrauchen absolut ungefährlich ist.

Besten Gruss!

Ein nahezu sinnfreier Satz gelingt Schauspieler **Wolfgang Preiss** (1910-2002). Der „Parade-Preuße", wie ihn der „Spiegel" in seinem Nachruf nennt, wirkt in mehr als 100 deutschen und internationalen Produktionen mit. Für seine Darstellung als Hitler-Attentäter Graf von Stauffenberg in „Der 20. Juli" wird er mit dem Bundesfilmpreis ausgezeichnet.

Zeichnerisches Talent am Heiligabend beweist der deutsche Schauspieler **Frithjof Vierock** (geb. 28. August 1943 in Eisenach). Der Wahl-Münchener steht mit vielen großen, alten Fernsehstars vor der Kamera: mit Peter Alexander („Im weißen Rößl"), Heinz Rühmann („Max, der Taschendieb"), Luis Trenker oder Joachim Fuchsberger.

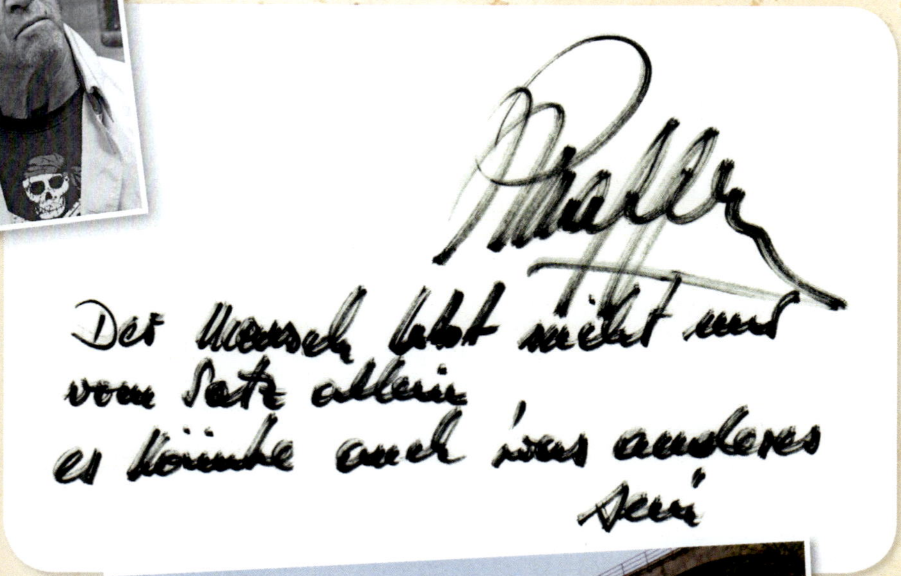

Mit 16 Nummer-eins-Alben erfolgreichster Künstler in den deutschen Charts ist **Peter Maffay** (geb. 30. August 1949 in Brasov, Siebenbürgen, Rumänien, als Peter Alexander Makkay). Der frühere Schlagersänger („Du"), der durch die „ZDF-Hitparade" bekannt wird, wandelt sich zum „Deutschrocker" („Über sieben Brücken musst du gehn").

Jürgen Roland im Hause

NDR

NORDDEUTSCHER RUNDFUNK

Gemeinnützige Anstalt des öffentlichen Rechts

Hauptabteilung/Abteilung

Fernsehspiel

(Bitte in der Antwort angeben)

Ihre Nachricht vom	Ihr Zeichen	Unsere Nachricht vom	Unser Zeichen	Datum
			jr/h	1o.6.198o

Für Herrn Göge:

Herr Göge möcht' von mir 'nen Satz
auf diesem Bogen ist viel Platz
für manches, was ich ihm gern schriebe,
was ich so tu' und lieber triebe,
doch muß aus Zeitnot ich jetzt schließen,
ich tu' es mit den besten Grüßen,

Ihr

Jürgen Roland

Fernsehgeschichte schreibt Starregisseur **Jürgen Roland** (1925-2007), der eigentlich Jürgen Roland Schellack heißt. Der Krimikönig von Hamburg zählt zu den Pionieren des „Tatorts“, entwickelt realistische Polizeiserien wie „Großstadtrevier“ oder dreht Straßenfeger wie die 22 Folgen von „Stahlnetz“.

Man muß
was tun
(das ist jedenfalls besser
als nichts zu tun)!
Erika Runge
im Mai 1980

Eine einfache, zeitlos wahre Spruchweisheit zitiert **Erika Runge** (geb. 22. Januar 1939 in Halle, Saale). Die Schriftstellerin und Regisseurin wird bekannt durch sozialkritische Dokumentarfilme und Interview-Sammlungen („Bottroper Protokolle"). Inzwischen arbeitet sie als Psychotherapeutin.

Bibi Johns

8023 Pullach
Wolfratshauser Strasse 70a
[redacted]

den 2o.4.198o

Sehr geehrter Herr Göge,
in Beantwortung Ihres Schreibens vom 8.1.198o,
in dem Sie mich um einen S A T Z bitten, teile
ich Ihnen mit, dass es sich herausgestellt hat,
dass die wenigen mir zur Verfügung stehenden
S Ä T Z E leider giftig sind, so dass es von
mir unverantwortlich wäre diese aus dem Kopf zu
geben.

Mit freundlichen Grüßen

Kreissparkasse München-Grünwald Kto.-Nr. 070544606

Gefährlich klingt die Zuschrift von Schlagersängerin **Bibi Johns** (geb. 21. Januar 1929 in Arboga, Schweden, als Gun Birgit Johnson). Nach ihrem ersten großen Plattenerfolg mit „Bella Bimba" ist die Blondine auch als Schauspielerin erfolgreich, zum Beispiel in „Wehe, wenn sie losgelassen" mit Peter Alexander. Heute arbeitet sie als Malerin.

ZDF
Zweites Deutsches Fernsehen
Anstalt des öffentlichen Rechts

Der Programmdirektor

Ihr Zeichen und Tag	Unser Zeichen	Telefon Nebenstelle	Ort / Datum
25.6.80	Kn.	2100	1. Juli 1980

Sehr geehrter Herr Göge,

ich pflege Sätze zu schreiben, wenn ich zu einer Sache etwas sagen möchte. Ihnen geht es um einen Satz schlechterdings. Den kann ich Ihnen leider nicht bieten, es sei denn, Sie nehmen dies hier als einen Satz über Sätze.

Mit freundlichen Grüßen

(Prof. Dieter Stolte)

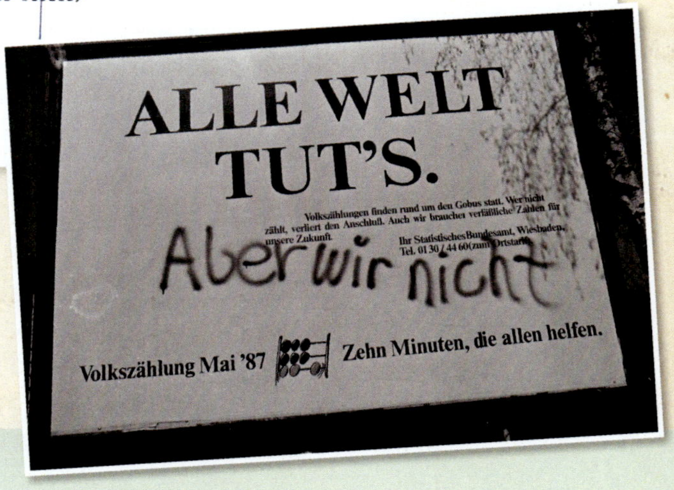

Auf eigene Weise beschäftigt sich der frühere ZDF-Intendant **Dieter Stolte** (geb. 18. September 1934 in Köln) mit dem Thema. Zum Zeitpunkt des Briefes ist der preisgekrönte Fernsehmanager zudem Professor für Medientheorie und Medienpraxis an der Hochschule für Musik und Theater Hamburg.

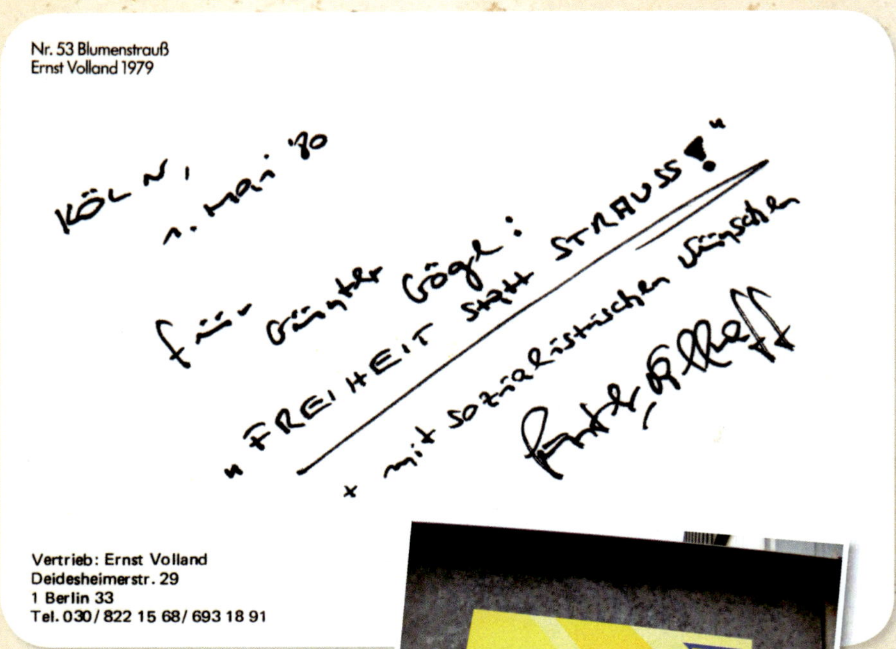

Politisches Bekenntnis des Enthüllungsjournalisten **Günter Wallraff** (geb. 1. Oktober 1942 in Burscheid bei Köln): Mit Initiativen wie „Freiheit statt Strauß“ wollten Künstler und Intellektuelle vor der Bundestagswahl 1980 den Kanzlerkandidaten Franz Josef Strauß stoppen. Bekannt wurde Wallraff durch verdeckte Reportagen aus Großbetrieben.

Ein Satz zum Nachspielen von Komponist **Günter Noris** (1935-2007), eigentlich Günter Maier. Im Auftrag des früheren Bundeskanzlers Helmut Schmidt gründet der Pianist 1971 die Big Band der Bundeswehr. Sie spielt bei den Eröffnungsfeiern der Olympischen Spiele 1972 in München und der Fußball-Weltmeisterschaft in Deutschland.

JOACHIM FUCHSBERGER

Zuerst dachte ich: „Der spinnt –!“
Doch dann gewann
die Sache an Reiz.
So war ich einerseits
ungehalten. Dann hab' ich gelacht –
und einen Satz gemacht.
So scheint eben jeder auf Erden
mit irgendwas glücklich zu werden.

Mit besten Wünschen

Joachim Fuchsberger

Weihnachten 1979

Mit Humor und in Reimform antwortet die deutsche Fernsehlegende **Joachim Fuchsberger** (1927-2014). Der Schauspieler wird als Verbrecherjäger und Frauen-Beschützer in Edgar-Wallace-Filme bekannt. Später moderiert „Blacky“ auch Fernsehshows („Auf Los geht`s los“) und befragt prominente Zeitgenossen in der Talkshow „Heut` abend“.

DR. FRANZ ALT

ZUM KELTENRING 11
7570 BADEN-BADEN 21
TELEFON (07221) 23295

Sehr geehrter Herr Göge,

„Hoffen heißt, an das Abenteuer der Liebe glauben.“ (Helder Camara)

Freundlichen Gruß
Dr. Franz Alt.

Nicht zufällig wählt der Journalist **Franz Alt** (geb. 17. Juli 1938 in Untergrombach, Baden) ein Wort von Helder Pessoa Camara (1909-1999). Der Erzbischof kämpfte für die Menschenrechte während der Militärdiktatur in Brasilien (1964-1985). Der bekennende Christ und frühere „Report“-Moderator Alt setzt sich für erneuerbare Energien ein.

Dieser Satz hat sechs Wörter zuviel!

timm ulrichs

17. 7. 1980

Mit absurden oder doppeldeutigen Sätzen wie diesem verwirrt Konzeptkünstler **Timm Ulrichs** (geb. 31. März 1940 in Berlin) sein Publikum. Er betreibt eine „Werbezentrale für Totalkunst & Banalismus", stellt sich selbst als „erstes lebendes Kunstwerk" aus und arbeitet als Professor der Kunsthochschule Braunschweig.

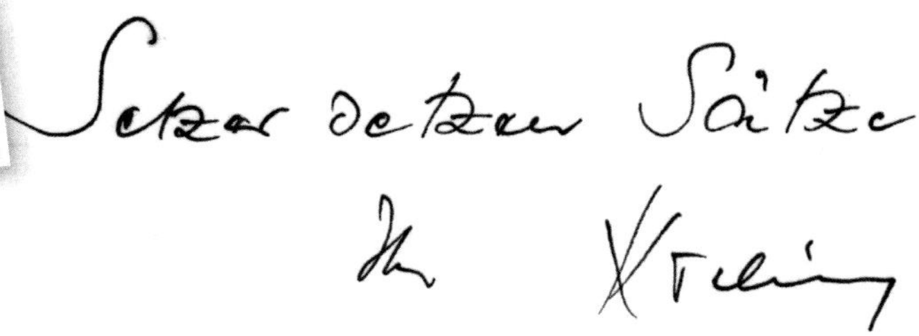

Starschauspieler **Wolfgang Kieling** (1924-1985) liebt Buchstabensuppe, wie seine Tochter Susanne Uhlen im „Focus" berichtet. Mit seiner markanten, sonoren Stimme synchronisiert er Weltstars wie Marlon Brando („Duell am Missouri"), Kirk Douglas („Vincent van Gogh") oder Frank Sinatra („Die oberen Zehntausend").

HORST PILLAU

29.3.80

Wer einen Satz erbittet, wünscht sich etwas sehr Wertvolles, denn ein Satz kann das Kostbarste sein, das ein Mensch dem anderen zu ge= ben hat.

Mit freundlichen Grüßen

Tel. 089-465290 · Johann-Hackl-Ring 88 · 8011 Neukeferloh bei München

Mit dem Drehbuch für die Fernsehserie „Es muss nicht immer Kaviar sein" feiert **Horst Pillau** (geb. 21. Juli 1932 in Wien) einen großen Erfolg. Der in Berlin aufgewachsene Schriftsteller verfasst aber auch Theaterstücke, die unter anderem im Hamburger Ohnsorg-Theater aufgeführt werden. Und er ist bis ins hohe Alter begeisterter Hobbypilot.

MARIKA RÖKK

8000 MÜNCHEN 2, NEUSTÄTTER STR. 2
A-2500 BADEN B. WIEN, MOZARTSTR. 15

Herzliche Grüsse
Marika Rökk

Ende gut, alles gut

„Königin der Pirouetten“ und „schillernder Filmstar“ wird **Marika Rökk** (1913-2004) auf der Internetseite ihres Fan-Clubs genannt. Die deutsch-österreichische Schauspielerin („Die Frau meiner Träume“) und Sängerin („Ich brauche keine Millionen“) arrangiert sich mit den Nazis. Die Auftrittsverbote nach dem Krieg werden laut „Wikipedia“ 1947 wieder aufgehoben.

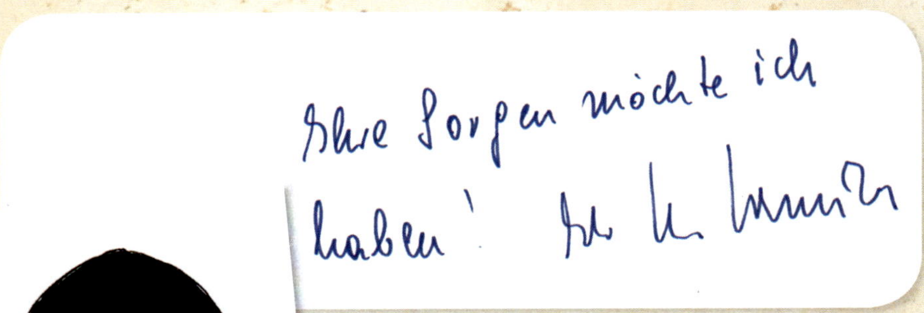

Ein wenig gallig reagiert das journalistische Schwergewicht **Henri Nannen** (1913-1996). Als Herausgeber und Chefredakteur verhilft er der Zeitschrift „Stern“ zur Blüte: Durch ihre vieldiskutierten Reportagen wird die Illustrierte zum auflagenstärksten Magazin Europas. Als der „Stern“ aber 1983 gefälschte Hitler-Tagebücher veröffentlicht, muss Nannen seinen Abschied nehmen.

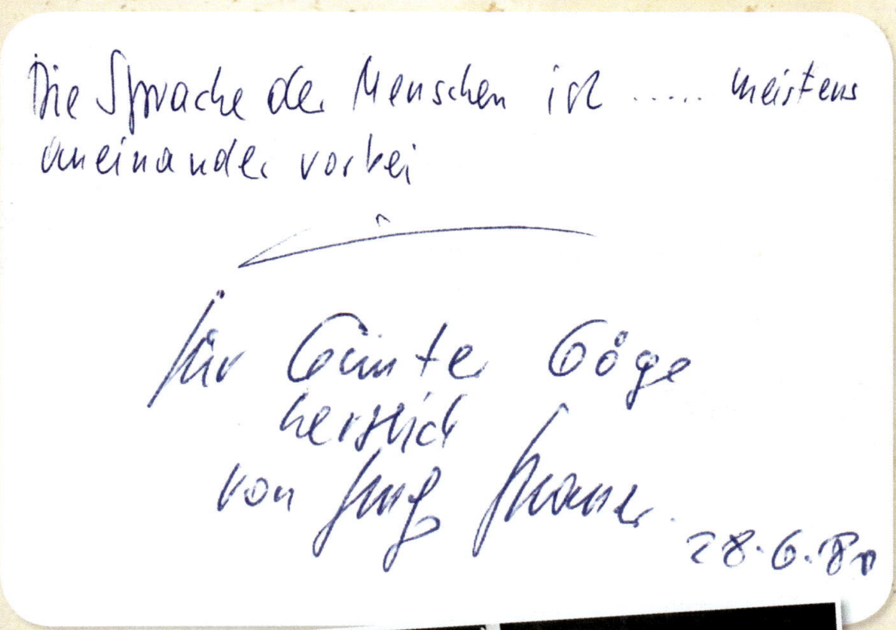
Die Sprache der Menschen ist .... meistens aneinander vorbei

Für Günter Göge
herzlich
von Hugo Strasser
28.6.80

Unverwüstlich scheint Swing-Legende **Hugo Strasser** (geb. 7. April 1922 in München): Auch in hohem Alter gibt der Klarinettist gemeinsame Konzerte mit seinem langjährigen Freund Max Greger (Saxofon). Bekannt sind Strasser und sein Orchester für ihre Tanzmusik aus der Albumreihe „Tanzplatte des Jahres“ und ihr Spiel bei vielen Tanz-Weltmeisterschaften.

Bei vielen Menschen –
vielleicht auch bei sich selbst! –
trifft der Satz zu:

„Sowas von <u>daneben</u>-gelebt!
Da hör'n ja die Blumen
auf zu riechen."

Günter Pfitzmann

Typisch **Günter Pfitzmann** (1924-2003), die Berliner Schnauze mit Herz: Der Theater- und Fernsehstar ist für das Publikum vor allem der gutherzige Kassenarzt Dr. Brockmann vom Bülowbogen. In dem von ihm mitgegründeten Kabarett „Die Stachelschweine" findet der Charakterkopf ebenso seine Bühne wie in Antikriegsfilmen („Hunde, wollt ihr ewig leben").

Freiheit statt Strauß
Aktion für mehr Demokratie

Liebe Kolleginnen und Kollegen,

zur hessischen Landtagswahl haben Gewerkschafter und Journalisten die Initiative »Stoppt Dregger – Gewerkschafter gegen Dregger« ins Leben gerufen. Mit vier in hoher Auflage gedruckten und besonders vor Betrieben verteilten Flugblättern sowie Plakaten und Aufklebern wurde argumentativ und recht erfolgreich in den Wahlkampf eingegriffen. Herr Dr. Dregger konnte verhindert werden.

Mit der Kandidatur von Franz Josef Strauß sind alle Demokraten herausgefordert, ihre ganze Kraft und Phantasie in den verbleibenden Monaten bis zur Bundestagswahl einzusetzen, um auch diesen Kandidaten zu verhindern. Am 2. September hat sich deshalb in Oberhausen die Initiative »Freiheit statt Strauß« bundesweit konstituiert. Der ursprünglich vorgesehene Name »Stoppt Strauß« wurde wieder fallengelassen, da der Name schon von anderen Gruppen besetzt ist und für eine Vorstellung von Aktionseinheit steht, mit der Strauß nicht verhindert werden kann. Die umseitig abgedruckte Plattform dient als gemeinsame Arbeitsgrundlage. Die erste Bewährungsprobe für unsere Arbeit wird die Landtagswahl in NRW sein.

Die Initiative wird in erster Linie wieder Flugblätter zu folgenden Themen erarbeiten: Sozial-, Familien-, Bildungs-, Entspannungspolitik, Gewerkschaftsfrage, Arbeitslosigkeit, Kernenergie, Meinungsfreiheit, Thema Grüne und für die Zielgruppen Frauen und Jugendliche. Plakate und Aufkleber werden die Öffentlichkeitsarbeit ergänzen. Geplant sind weiter vorerst zwei zentrale Großveranstaltungen und eine große Anzeigenkampagne unmittelbar vor der Wahl. Weitere Aktionsformen sollen erarbeitet werden. Regionale Anlaufstellen werden zur Zeit aufgebaut. Wer zu einer Mitarbeit bereit ist, sollte uns das möglichst bald mitteilen, verbunden mit der Nachricht, worin sein Beitrag bestehen könnte.

Die Initiative wird ausschließlich aus Spenden finanziert. Wir bitten alle Gegner des Kandidaten Strauß, es nicht beim landauf landab zu vernehmenden verbalen Protest zu belassen, sondern möglichst tief und schnell in die Tasche zu greifen, damit bald mit der Arbeit begonnen werden kann. Hier sollten sich auch die angesprochen fühlen, die, aus welchen Gründen auch immer, ihr Engagement gegen Strauß nicht öffentlich machen wollen oder können. Wer sich entschließen könnte, bis zum Wahltag einen Dauerauftrag aufzugeben, würde unsere gemeinsame Arbeit wesentlich erleichtern (Konto »Freiheit statt Strauß«, BfG Heidelberg 1076270800, BLZ 67210111).

Die Initiative versteht sich nicht als ein Jubelverein für die Regierung. Die Initiatoren sind sich jedoch darin einig, daß unter einer von Strauß geführten Regierung über Reformen, mehr Chancengleichheit und die Erweiterung und Wiederherstellung aller Freiheitsrechte nicht einmal mehr wird diskutiert werden können. Unsere Hoffnungen liegen daher trotz mancher Enttäuschungen und bei aller Kritik in Einzelfragen bei der SPD, die wir in diesem Wahlkampf aktiv unterstützen wollen. Dabei sollen auch eigene Positionen formuliert werden, an denen wir die künftige Regierungsarbeit messen und für deren Verwirklichung wir uns über den Wahltag hinaus, jeder in seinem Tätigkeitsbereich, einsetzen wollen.

Für »Freiheit statt Strauß«

Klaus Staeck

»Freiheit statt Strauß«, c/o Klaus Staeck
Postfach 102063, 6900 Heidelberg
Telefon (06221) 24753

Spendenkonto: BfG Heidelberg, Konto Nr. 1076270800 (BLZ 67210111)

E

Dieses …
gegeber…
rung nur…
Versand,…
kate erm…
Briefmark…

Heidelberg 19.6.80

Lieber Günter Göge,
Bei der Frage nach dem Sinn des Lebens haben das letzte Wort immer die Würmer.
Herzlich
Klaus Staeck

Edition Staeck
69 Heidelberg Box 102063

Ernüchternd sind viele Plakate und Sätze des Grafikdesigners **Klaus Staeck** (geb. 28. Februar 1938 in Pulsnitz). Der Autodidakt in Sachen Kunst wird bekannt durch seine satirische Auseinandersetzung mit der Politik („Wollt ihr das totale BILD?"). Besondere Anerkennung erfährt der gelernte Jurist durch die Wahl zum Präsidenten der Akademie der Künste Berlin.

Jeder Frühling ist ein
neuer Anfang!

Wolfgang Spier

19.6.80

„König des Boulevard“ wird der Schauspieler und Regisseur **Wolfgang Spier** (1920-2011) genannt. Der Wahl-Berliner ist ein Spezialist für immer neue Anfänge: Zum Beispiel in 250 von ihm gespielten Theaterstücken, als Kabarettist („Stachelschweine“) und als Fernseh-Moderator („Wer dreimal lügt“).

THEO SOMMER

Nichts ist schwerer, als
einen Satz zu verschreiben,
bei dem es nicht auf
den Inhalt ankommt –
jedenfalls dann, wenn
einer gelernt hat, Sinn
zu produzieren.

Theo Sommer
16/6/80

Gibt es Sätze ohne Inhalt? Der frühere Chefredakteur und Herausgeber der Wochenzeitung „Die Zeit“, **Theo Sommer** (geb. 10. Juni 1930 in Konstanz), zweifelt am Sinn seines Schriftstücks. Nach seiner Verurteilung zu einer Gefängnisstrafe auf Bewährung wegen Steuerhinterziehung sagt der Journalist laut „Spiegel“: „Ich weiß, was ich getan habe.“

Für Günter Göge

„Unfriede
dein Vorname
ist
Ewa“

Sigi Sommer

Mai
80

Granteln auf hohem Niveau ist ein Markenzeichen des Journalisten **Siegfried (Sigi) Sommer** (1914-1996). Als „Blasius, der Spaziergänger“ flaniert die Münchener Legende durch die Stadt und berichtet darüber in bissigen Kolumnen. Sein erster Roman „Und keiner weint mir nach“ (1954) wird von Joseph Vilsmaier verfilmt (1996).

Wenn schon tot –
dann lach dich!

Aus „Memoriermurmeln"
[illegible] Verlag

notiert für Günter [illegible]
von

Hans Dieter Schwarze
3.6.80 in Hamburg

mit
frohen Wünschen!

Aus seinem Buch „Memoriermurmeln“ (1980) zitiert der Schriftsteller, Schauspieler und Fernseh-Regisseur **Hans Dieter Schwarze** (1926-1994). 1966 spielt er die Hauptrolle in „Alle Jahre wieder“. Mit dem Spielfilm wird seiner Heimatstadt Münster ein ironisches Denkmal gesetzt. Daneben inszeniert Schwarze rund 150 TV-Filme (u. a. „Tatort“).

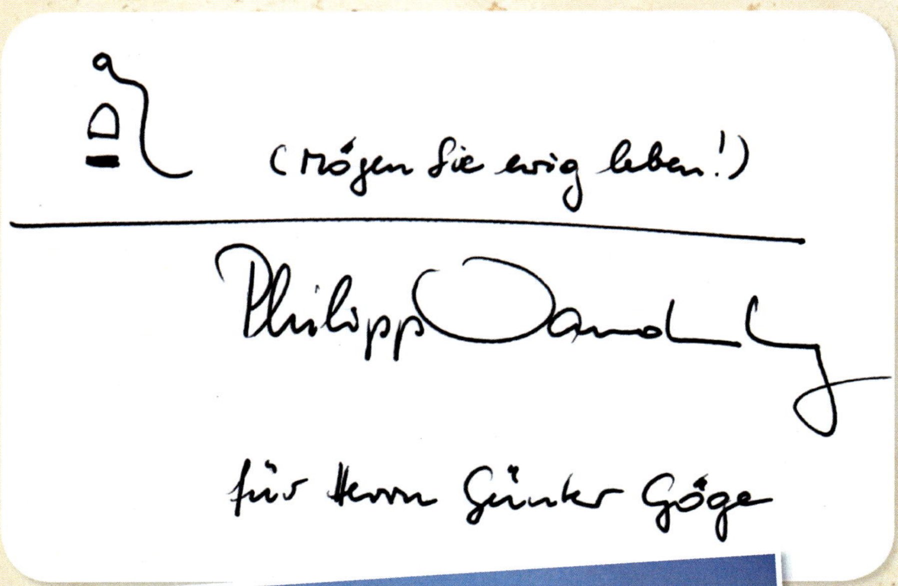

In die Mystik des alten Ägypten taucht der deutsche Schriftsteller **Philipp Vandenberg** (geb. 20. September 1941 in Breslau als Hans Dietrich Hartel) ein. Mit „Der Fluch der Pharaonen" schreibt der Sachbuchautor 1973 einen Weltbestseller. Auch Büchern wie „Nofrotete" (1975) oder „Sixtinische Verschwörung" (1988) gehen aufwändige Recherchen vor Ort voraus.

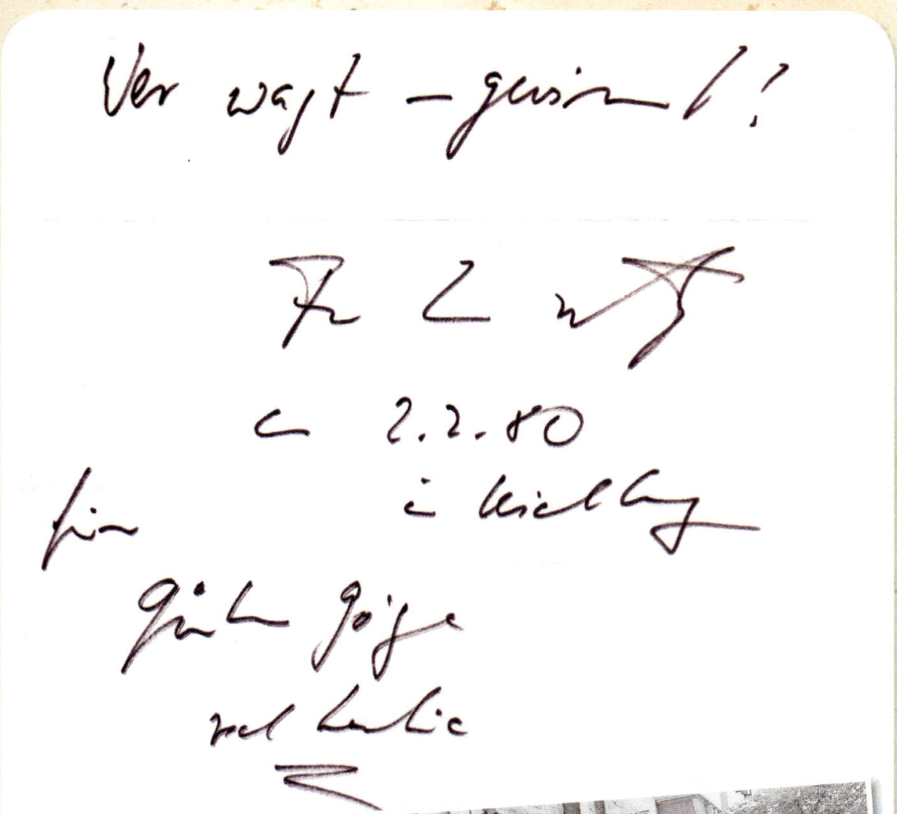

Berühmt geworden ist **Franz Xaver Kroetz** (geb. 25. Februar 1946 in München) als Klatschreporter Baby Schimmerlos in der 80er-Kult-Serie „Kir Royal". Über die 60 von ihm geschriebenen Theaterstücke sagt der Dramatiker in einem „Zeit"-Interview: „Schreiben ist Qual, Selbstzerstörung, Vernichtung."

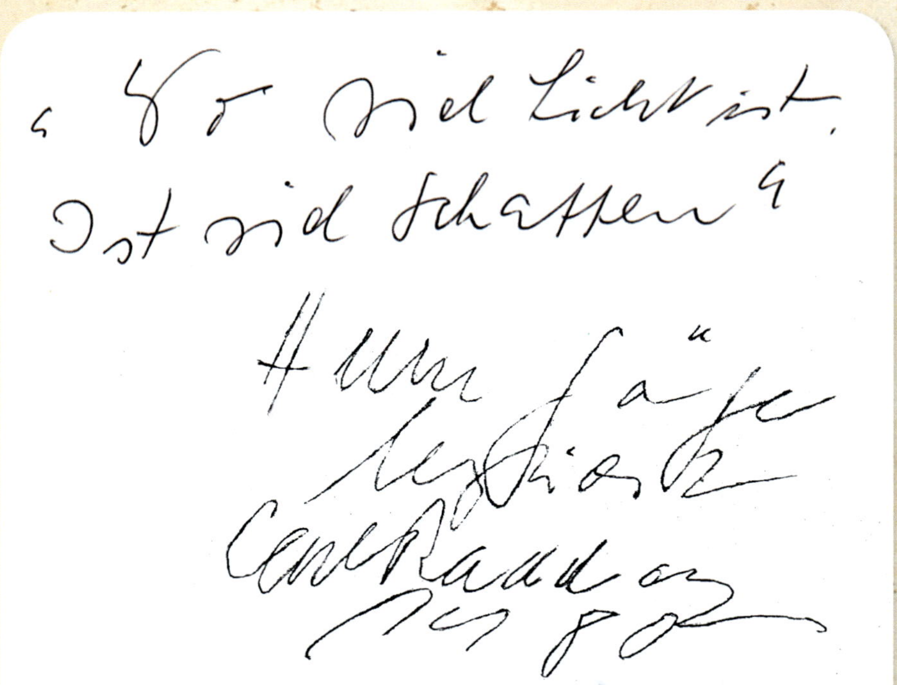

Eher die hellen Seiten erlebt die Schauspiel-Legende der UFA-Zeit, **Carl Raddatz** (1912 – 2004). Filme wie „Urlaub auf Ehrenwort“ (1938) oder „Wir tanzen um die Welt“ machen ihn zum Star in Deutschland. Nach Kriegsende avanciert der Berliner zum Liebling des deutschen Theaters und leiht als Synchronsprecher Humphrey Bogart oder Lee Marvin seine markante Stimme.

PETER BACHÉR
CHEFREDAKTEUR HÖRZU

Mein schönster Satz in
Kürz, in nur ein Wort,
in dem sich aber alles
spiegelt, Freude und Leid
und Glück und Leben –
ich meine das Wort LIEBE.

Ihr
[illegible]

Weise Worte zum ewigen Thema Liebe veröffentlicht **Peter Bachér** (geb. 4. Mai 1927 in Rostock) auch in seinen Kolumnen zum Beispiel in „Bild“. Der frühere Herausgeber der Zeitschrift „Hörzu“ ist danach Chefredakteur von „Eltern“ und „Bild am Sonntag“. Bachér ist ein Urenkel von Theodor Storm.

10. 1. 80

BRUNO HAMPEL · KARWENDELSTRASSE 21 · 8023 GROSSHESSELOHE / ISARTAL · TEL. (089) 798121

Sehr geehrter Herr Göge,

wer Sätze sammelt, muß keine Hochsprungmeisterin heiraten, es genügt, wenn er ein Känguruh als Haustier hält!

Freundlichen Gruß! Bruno Hampel

Gedankensprünge macht der Autor **Bruno Hampel** (1920 – 1996) auch in seinen Kriminalgeschichten. Er schreibt die Drehbücher für die 39-teilige Fernsehserie „Kommissar Freytag“ in den 1960er Jahren. Auch „Das Kriminalmuseum“ und „Polizeifunk ruft“ stammen aus seiner Feder.

CHRISTA MEVES
PSYCHAGOGIN

3110 UELZEN 1, DEN
ALBERTSTRASSE 14
TELEFON (05 81) 23 66

Wenn der Mensch im technisierten Leben den Rausch des Sieges über die Natur verfällt, statt von ihr zu lernen, wird sie ihn mit Krankheit, Verwahrlosung und schließlich mit Aussterben schlagen – und dann werden klügere oder gesündere Völker das Erbe der abendländischen Kultur anzutreten haben.

Christa Meves
23. II. 80

Vor dem Untergang der abendländischen Kultur warnt die Psychologin **Christa Meves** (geb. 4. März 1925 in Neumünster). Das Werk der Schriftstellerin ist nicht unumstritten. Kritiker zitieren laut „Wikipedia" unter anderem aus ihrem „Ehe-Alphabet" (1973) den Satz: „Die Frau hat von ihrer biologischen Aufgabe her ein natürliches Bedürfnis nach Unterwerfung..."

RMK

Lieber Herr Günter Göge!

Verschwende nie Zeit mit unnützen Dingen – aber habe wenn es möglich ist immer Zeit für Menschen

Ihre

Ruth Maria Kubitschek

Für Günter Göge
Alles Gute
Ruth Maria Kubitschek

Grande Dame des deutschen Films ist **Ruth Maria Kubitschek** (geb. 2. August 1931 in Komotau, Nordböhmen). Die lebenskluge Schauspielerin („Monaco Franze“, „Kir Royal“) glänzt auch im Alter noch in dem Schweighöfer-Film „Frau Ella“. Und sie schreibt Bücher wie „Anmutig älter werden“.

DR. GÜNTHER VON LOJEWSKI

6204 TAUNUSSTEIN 2
KELLERSKOPFSTRASSE 5
TELEFON (06128) 43730

8011 Neukeferloh, 27.5.80
Schwalbenweg 10

Sehr geehrter Herr Göge,

ein einzelner Satz kann alles sagen oder nichts, kann entlarven oder verschleiern – was soll ich Ihnen schreiben?

Mit freundlichem Gruß!

Günther [signature]

Als Experte für Rundfunkpolitik und Medienrecht kennt sich der Fernseh-Journalist **Günther von Lojewski** (geb. 11. Juli 1935 in Berlin) aus mit Sätzen. Als Leiter der ZDF-Nachrichtenredaktion führt er das „heute-journal“ ein, wird Chef von „Report“ bei der ARD und Intendant beim Sender Freies Berlin.

PETER NAGEL
KLEIN FLINTBEKER STR. 24
2302 KLEIN FLINTBEK
TEL. 04347/3627

27. II. 80

Günter Göge
Bromberg 10
3540 KORBACH 1

Sehr geehrter Herr Göge,
gerne will ich Ihnen mit diesem Brief einen Satz schicken. Hier ist er:
Als bildender Künstler kann ich auf den heutigen Kult kurzatmiger Innovationen nur mit dem Terror künstlerischer Qualität antworten.

Mit besten Grüßen
Peter Nagel

Zwischen Fotografie und Grafik ist die Kunst des Malers **Peter Nagel** (geb. 6. April 1941 in Köln) angesiedelt. Er ist Mitbegründer der Gruppe ZEBRA, eines Zusammenschlusses von realistisch arbeitenden Malern und Bildhauern. Neben seiner freiberuflichen Tätigkeit hat Nagel in seiner Heimatstadt Kiel einen Lehrstuhl für Malerei inne.

Johannes Gross

Eupener Straße 70, 5000 Köln 41

Herrn
Günter Göge
Brauberg lo

354o Korbach 1

Sehr geehrter Herr Göge,

ich widme Ihnen folgenden Satz: ein gut Teil Unglück der Menschen kommt von offenen Türen und offenen Aussprachen.

Mit den besten Grüßen

Köln, den 27. Februar 198o

Aphorismen sind eine Stärke des Journalisten **Johannes Gross** (1932-1999). Als Chefredakteur des Magazins „Capital“ und Moderator der „Bonner Runde“ im ZDF ist der Mann mit dem Rundschädel ein Medienstar. 1983 soll Gross mit Peter Scholl-Latour die Chefredaktion des „Stern“ übernehmen; das verhindert die Belegschaft, so „Wikipedia“.

DIETER GÜTT

Elbchaussee 342
2000 Hamburg 52

Tel.: 82 77 87
Tel.: 41 31

27. 2. 80

Unser Fernsehen ist wie Venedig:
Man baut Paläste, aber in den
Straßen steht das Wasser.

Dieter Gütt

Über das Wasser in den Straßen hat der Journalist **Dieter Gütt** (1924 – 1990) nie hinweggesehen. Der Gründungschef der Tagesthemen gilt wegen seiner Kompromisslosigkeit als unkalkulierbar. 1983 wird er stellvertretender Chefredakteur des „Stern“. Als er seinem Leben ein Ende setzt, schreibt er seinen Freunden: „Das wär`s, Gütt“.

Mein längster „Satz"
war der vom Kind
zum Manne!
Herzliche Grüße!
Peter Alexander

Mit „Die kleine Kneipe“ (1976) landet er seinen größten Hit. Der österreichische Sänger, Schauspieler und Entertainer **Peter Alexander** (1926-2011), der eigentlich Peter Alexander Ferdinand Maximilian Neumayer heißt. Das Kind Peter fliegt laut „Wikipedia“ wegen diverser Streiche vom Gymnasium. Als Erwachsener begeistert der Österreicher sechs Jahrzehnte lang mit Schlagern und der Peter-Alexander-Show.

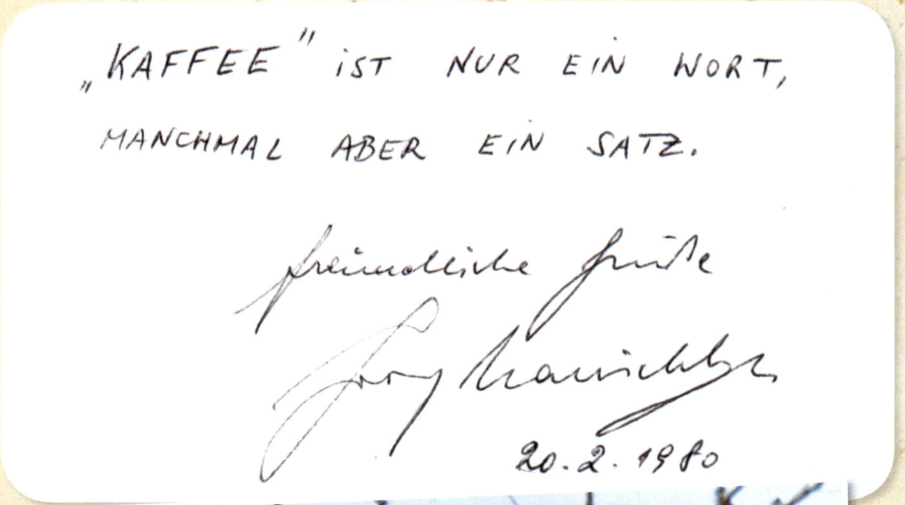

„KAFFEE" IST NUR EIN WORT,
MANCHMAL ABER EIN SATZ.

freundliche Grüße
Georg Marischka
20.2.1980

Schönes Wortspiel von **Georg Marischka** (1922-1999). Der schwergewichtige Schauspieler wird vorrangig als hartherziger Geschäftsmann oder hoher Politiker gebucht. Fernsehserien („Forsthaus Falkenau") und internationale Produktionen machen den Österreicher ebenso bekannt wie seine Arbeit als Regisseur und Drehbuchautor.

Aus der Distanz wird das Urteil schärfer!

Friedrich Nowottny.
7. 3. 1980

Aus der Entfernung beobachtet lieber der deutsche Vorzeige-Journalist **Friedrich Nowottny** (geb. 16. Mai 1929 in Hindenburg, Oberschlesien, heute Zabrze, Polen). Viele Jahre moderiert der spätere WDR-Intendant mit Ironie und Schlagfertigkeit den „Bericht aus Bonn". Ein Hit auf „YouTube" ist sein Interview mit Kanzler Willy Brand, der alle Fragen nur mit „ja", „nein", „doch" beantwortet.

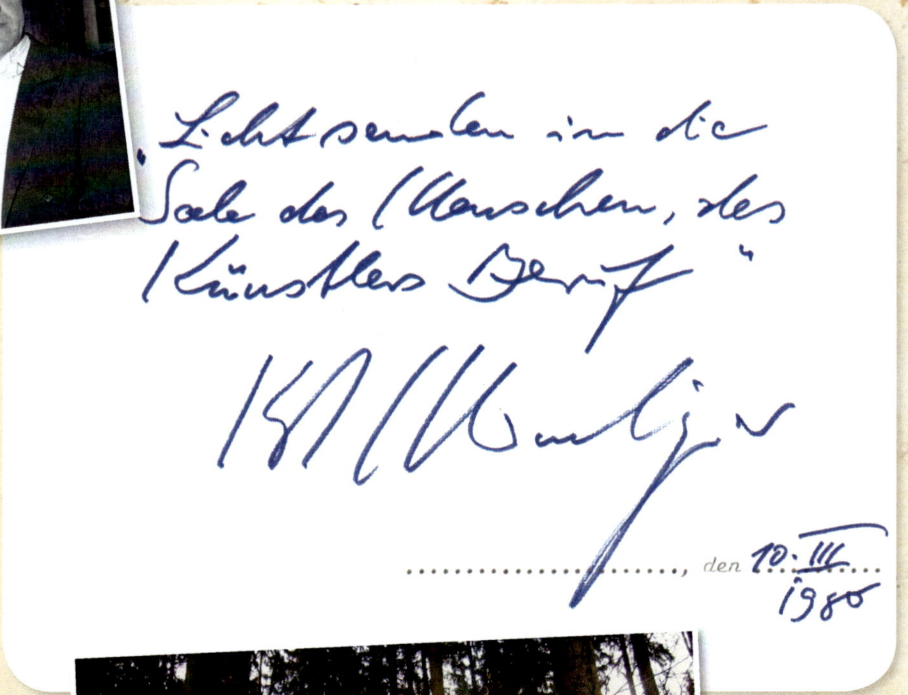

Der deutsche Dirigent **Karl Münchinger** (1915-1990) gründet nach dem Krieg das Stuttgarter Kammerorchester, das er zu internationalem Ansehen führt. „Wikipedia“ zufolge leuchtet der Musiker vor allem mit Interpretationen der Orchesterwerke von Johann Sebastian Bach in die Seele der Menschen.

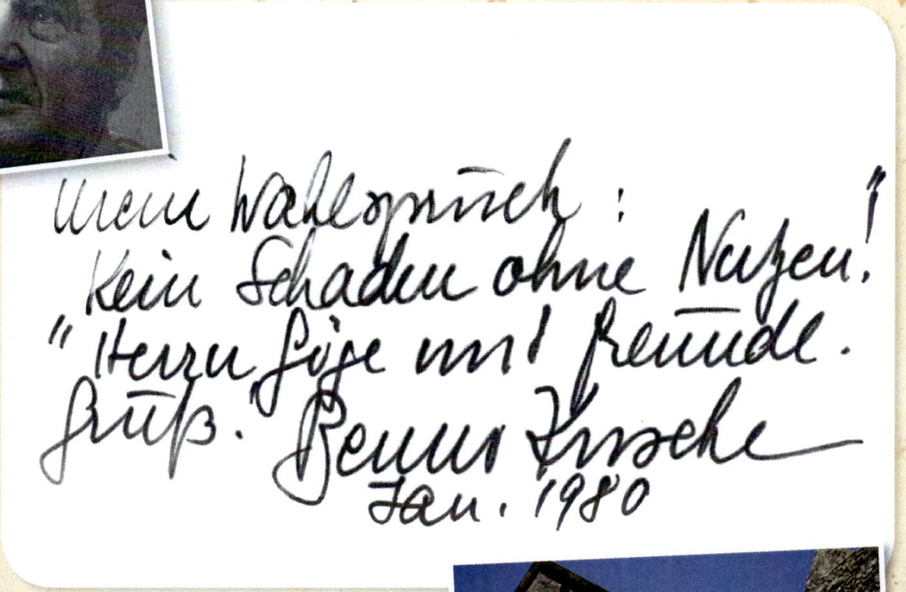

Mein Wahlspruch:
„Kein Schaden ohne Nutzen!"
Herzl. Grüße und Freunde.
Gruß. Benno Kusche
Jan. 1980

Ein altes Sprichwort hat der deutsche Opersänger **Benno Paul Kusche** (1916-2010) gewählt. Er wird in seiner Zeit als einer der besten Mozart- und Wagnersänger gerühmt, berichtet das Internetlexikon. Der Bass-Bariton unternimmt aber auch gern Ausflüge in die leichtere Unterhaltung.

19. Feb. 1980

Das Glück wohnt immer am anderen Ufer.

Friedrich Luft

Als Chefkritiker der Zeitungen „Welt“ und „Berliner Morgenpost“ wird **Friedrich Luft** (1911-1990) selbst zur Theaterlegende. Noch bekannter ist der Journalist durch die sonntägliche „Stimme der Kritik“ im Radio. Seine Abschiedsformel „Gleiche Stelle, gleiche Welle“ wird zum geflügelten Wort.

Ich schreibe besonders gerne für Kinder, weil ich Kinder liebhabe – und weil ich zu der Überzeugung gekommen bin, daß sie das beste und wichtigste Publikum sind, das ein Autor sich wünschen kann.

Otfried Preußler, 12.II.80

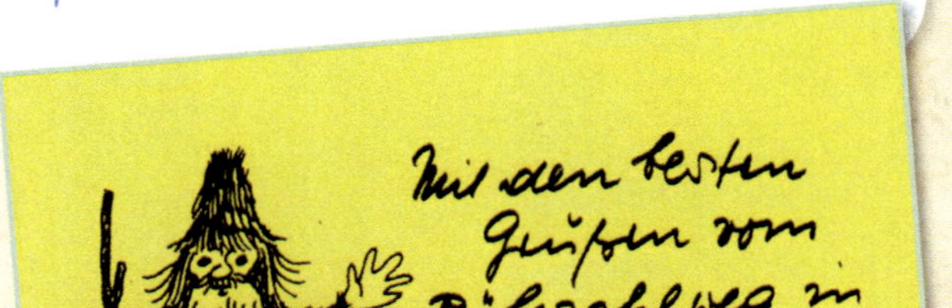

Der Räuber Hotzenplotz“ wohnt im Rübezahlweg: Dort entsteht die bekannteste Figur des Kinderbuchautors **Otfried Preußler** (1923-2013). Auch „Das kleine Gespenst“, „Krabat“ und „Die kleine Hexe“ stammen aus seiner Feder. Wie es in „Wikipedia“ heißt, werden die 32 Bücher des früheren Lehrers in 55 Sprachen übersetzt und erscheinen in einer Gesamtauflage von 50 Millionen Exemplaren.

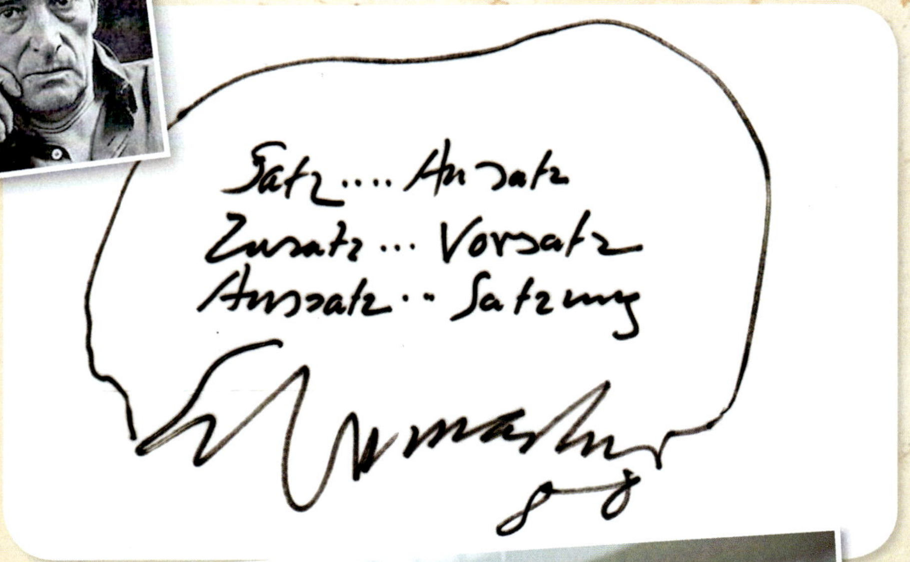

Wortspiele des deutschen Malers **Emil Schumacher** (1912-1999), dessen abstrakte Arbeiten in allen wichtigen Museen der Welt hängen.. Er beschäftigt sich vor allem mit der Eigenwertigkeit der Farbmaterie, berichtet „Wikipedia". In seiner Heimatstadt Hagen ist ein Museum nach dem documenta-Künstler und Kunst-Professor benannt.

Der Mund lügt leichter als die Augen!

Wie man Lügner entlarvt, das weiß **Jürgen Claus Eugen von Alten** (1903-1994), ein deutscher Schauspieler, Drehbuchautor und Filmregisseur. In seinem Märchenfilm „Tischlein deck dich“ spielt gar eine lügende Ziege die Hauptrolle. Als Darsteller wirkt der Sohn eines Gutsbesitzers unter anderem in „O diese Bayern“ mit.

„Kein Übel ist so groß wie die Angst davor“

Herzlichst Dagmar Altrichter

Den römischen Philosophen Seneca zitiert Synchronsprecherin **Dagmar Altrichter** (1924-2010). Hollywood-Stars wie Ingrid Bergmann und Elizabeth Taylor sprechen mit ihrer Stimme. Sie steht aber in zahlreichen Kino-Filmen („Die fünfte Kolonne“, „Heintje: Ein Herz geht auf Reisen“) auch selbst vor der Kamera.

FÜR MICH GIBT'S
NICHTS SCHÖNERES
AUF DER WELT –
ALS PINSEL, TUSCHE
FARBEN –
UND AUCH GELD!

FERRY AHRLÉ
29.5.1984

Viele Größen seiner Zeit porträtiert hat der deutsche Maler **Ferry Ahrlé** (geb. 17. Juni 1924 in Frankfurt/Main). Zunächst für Plakate zu Filmen von Federico Fellini, Ingmar Bergmann oder Roman Polanski. Später unterhält sich der Künstler für seine Serie „Sehr ähnlich, wer soll's denn sein?" zum Beispiel mit Marianne Hoppe und Paul Dahlke und malt sie gleichzeitig.

Musik ist Befreiung aus dem Gefüge der Zeit.

George Alexander Albrecht

24. 5. 1984

Ein Nahtod-Erlebnis beschäftigt den Dirigenten **George Alexander Albrecht** (geb. 15. Februar 1935 in Bremen). Der Weimarer Musikdirektor dirigiert Neujahr 2002 Beethovens Neunte, als er am Pult zusammenbricht. Seitdem engagiert sich der Professor ehrenamtlich in der Hopizarbeit als Sterbebegleiter.

Stuttgart, Nov. 79

Ich wollt', ich wär' ein Elefant,
da würd' ich jubeln laut! –
Mir wär's nicht um das Elfenbein –
nur um die dicke Haut.

Frdl. Gruß
Dickow

„Buschige Brauen, gefurchte Stirn und knurrender Bariton" schreibt der „Spiegel" in seinem Nachruf auf **Hans Helmut Dickow** (1927-1989). Der vielbeschäftigte Darsteller im Fernsehen gebe „jeder Rolle raunzendes Profil". Ob er als Dorfrichter über die Bühne poltere oder als zynischer „Tatort"-Kommissar Assistenten zurecht stauche.

Manche musikalische Offenbarung
entsteht nur durch technische Unzulänglichkeit!

Paul Angerer

Hohenwart, 21. Nov. 79 15^{37} Uhr.

Selbst die Uhrzeit hat der österreichische Dirigent und Komponist **Paul Angerer** (geb. 16. Mai 1927 in Wien, Österreich) auf seiner leicht ironischen Zuschrift vermerkt. Seine musikalische Vielseitigkeit spiegelt sich in seinen CD-Produktionen: als Instrumentalist (u. a. Violine, Blockflöte und Cembalo) und als Dirigent mit verschiedenen Orchestern.

Bedingung für literarischen Erfolg in Deutschland: das Werk hat nach Achselschweiß zu duften.

Carl Amery

Deftig zur Sache geht der Schriftsteller und Umweltaktivist **Carl Amery** (1922-2005), der eigentlich Christian Anton Mayer heißt. Der Ex-Präsident des deutschen PEN-Zentrums ist ein streitbarer Publizist. Er engagiert sich als Gründungsmitglied bei den Grünen und verfasst beißende Kritik an Atomrüstung, Umweltzerstörung und Amtskirche.

Claus-Hinrich Casdorff 29.11.79

"Vom warmen Sessel aus,
läßt sich gar prächtig
lamentieren."

Von mir geäußert am 13.9.79
im FS-Spätkommentar.

Gruß

Casd

Als Erfinder des modernen Polittalks gilt der deutsche Rundfunk- und Fernseh-Journalist **Claus-Hinrich Casdorff** (1925-2004). Mit dem von ihm gegründeten und moderierten zeitkritischen Magazin „Monitor" wird er bekannt. „Er kannte wahrlich keine Furcht vor Fürstenthronen", schreibt WDR-Intendant Fritz Pleitgen laut „Wikipedia" in einem Nachruf.

LUIS TRENKER

Bozen, 16.7.1980

Sehr geehrter Herr Göge,

Hier ein Satz der mir gefällt!

"Der Täler Hitze beklemmt die Brust-
Doch auf den Bergen hol ich Atem
in frischer Luft"!

Mit freundlichen Grüssen Ihr

Sie gelten als Hitlers Lieblingsregisseure: Leni Riefenstahl und **Luis Trenker** (Alois Franz, 1892-1990), die auch ein Liebesverhältnis verbindet. Der gefeierte Bergsteiger und Alpenfilmer Trenker ist in seinen Filmen oft Hauptdarsteller, Regisseur und Drehbuchautor. In „Der Berg ruft" etwa schildert er dramatisch zugespitzt die Erstbesteigung des Matterhorns.

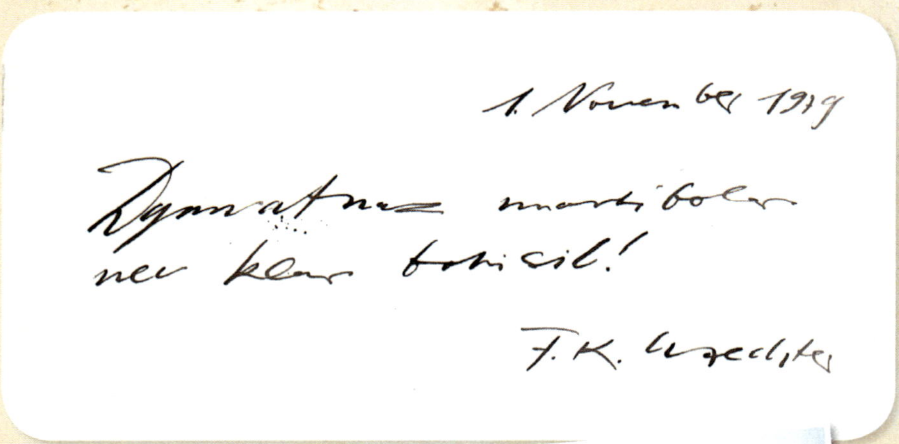

Sattelt die Holzpferde: Den gepflegten Nonsens mag der deutsche Zeichner und Autor von Kinderbüchern **Friedrich Karl Waechter** (1937-2005). Seine komischen Cartoons werden zum Markenzeichen der Satirezeitschriften „pardon", „Titanik" sowie des „Zeit-Magazin". In seiner Biographie im Internet heißt es: „1954 erster Zeichenauftrag: eine nackte Frau für einen Schulkameraden".

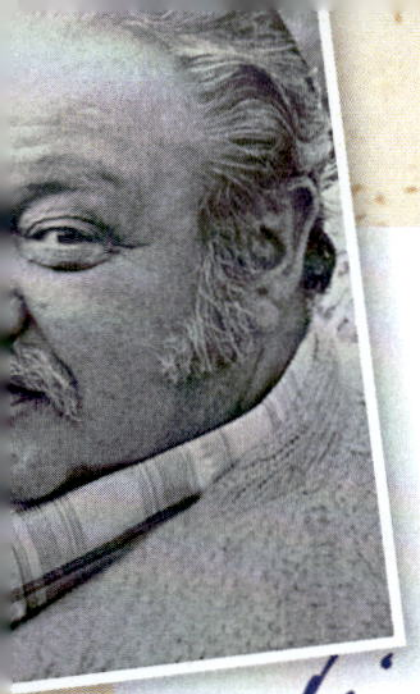

Lieber Herr Göge,

bisweilen kommt es mir so vor, ich wäre nur auf die Welt gekommen, um meinen Mitmenschen ein bißchen Freude – oder Besinnlichkeit in ihren Alltag zu tragen.

Mir?

Wenn mir das wirklich gelänge, hätte ich mir selbst Freude in meinen Alltag gebracht.

Und Ihnen vielleicht, mit diesem Satz!

Gustl Bayrhammer

Generationen von Kindern lieben **Gustl Bayrhammer** (1922-1993). Der bayerische Volksschauspieler spielt Pumuckls Ersatzvater, den Schreinermeister Eder. Legendär auch sein raunzender „Tatort"-Kommissar Veigl mit Dackel „Oswald" und die Bühnenrolle als „Petrus" in dem Stück „Der Brandner Kaspar und das ewig' Leben".

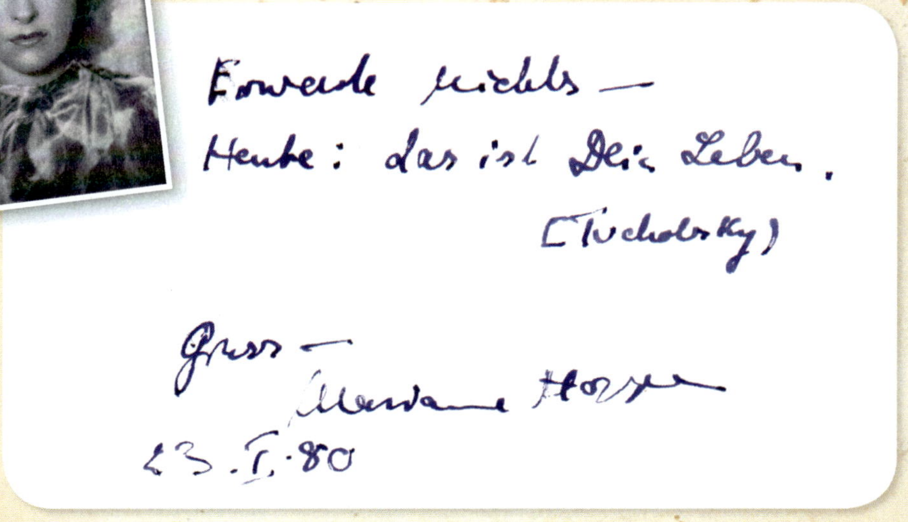
Erwarte nichts –
Heute: das ist Dein Leben.
(Tucholsky)

Gruss –
Marianne Hoppe
23.I.80

Direktheit und trockener Humor zeichnen den Film- und Theaterstar **Marianne Stefanie Paula Henni Gertrud Hoppe** (1909-2002) aus. Sie wird durch ihre Rolle in „Der Schimmelreiter" über Nacht berühmt, bildet ein Traumpaar mit Gustav Gründgens bis zum Kriegsende. Bis ins hohe Alter von 88 Jahren steht die Schauspielerin auf der Bühne.

Nicht die Zahl der Jahre,
sondern das Leben meistern,
bringt uns Reife.

Mit „Tränen lügen nicht“ hat Schlagersänger **Michael Holm**, eigentlich Lothar Bernhard Walter (geb. 29. Juli 1943 in Stettin), 1974 einen Nummer-eins-Hit. Seine deutschsprachige Version von „Mendocino“ dient den Fans des FC St. Pauli als Fußball-Schlachtruf. In jüngerer Zeit betätigt sich Holm stärker als Songwriter und Musikproduzent.

Lächeln heißt die Gegenwart begrüßen

Peter Horton

PETER HORTON · WIFLINGSHAUSER STRASSE 129 · 7300 ESSLINGEN

Aphorismen sind eine weniger bekannte Liebe des österreichischen Musikers **Peter Horton** (geb. 19. September 1941 in Feldsberg, Südmähren, als Peter Müller). Der Singer-Songwriter veröffentlicht 65 Alben, musiziert mit Weltstars wie David Bowie oder Robin Gibb (BeeGees). In „Hortons Kleine Nachtmusik“ ist der Gitarrist zudem Fernseh-Gastgeber.

Oh, Gott, wie ist unsere Erde
noch wunderschön!
Horst Buchholz

Ein Weltstar für kurze Zeit ist Schauspieler **Horst Buchholz** (1933-2003). Nach dem legendären Schwarz-Weiß-Portrait „Die Halbstarken“ wird er als „deutscher James Dean“ gefeiert. „Hotte“ glänzt mit jungenhaftem Charisma unter anderem in dem Western „Die glorreichen Sieben“ und der Hollywood-Produktion „Neun Stunden zur Ewigkeit.“

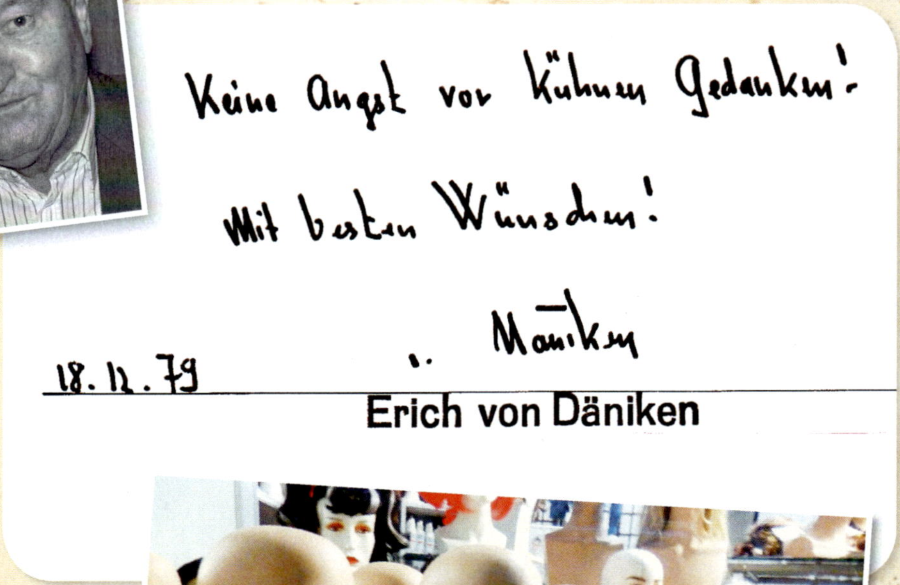

Mit unerklärlichen Phänomenen beschäftigt sich der Schweizer Forscher und Autor **Erich Anton Paul von Däniken** (geb. 14. April 1935 in Zofingen, Schweiz). Für den Ufologen, dessen Werke weltweit 63 Millionen Mal verkauft wurden, ist alles denkbar. In 20 Jahren werden seiner Meinung nach die Außerirdischen wieder auf die Erde kommen.

Man kann nicht
der Freund aller sein,
sonst ist man
niemandes Freund.

Max v. d. Grün

In der Welt der Arbeit spielen die Bücher des deutschen Schriftstellers **Max von der Grün** (1926-2005). Der Wahl-Dortmunder schuftet nach seiner Kriegsgefangenschaft zunächst als Bergmann unter Tage und verarbeitet seine Erfahrungen literarisch. Der Roman „Irrlicht und Feuer“ bringt den Durchbruch. Er zitiert hier den griechischen Philosophen Aristoteles.

25.12.79

Man muß das Leben
täglich gießen –
sonst vertrocknet es!

Mit
freundl.
Grüßen Lisa Fitz

„Bei dieser Frau sind nicht nur die Messer scharf“, schreibt der „Berliner Kurier“. **Lisa Fitz** (geb. 15. September 1951 in Zürich, Schweiz) „hat auch eine ziemlich scharfe Zunge“. Die deutsche Sängerin wird als Moderatorin der „Bayerischen Hitparade“ und als Schauspielerin bekannt. Als erste Frau tourt sie mit eigenen Kabarett-Shows durch Deutschland.

Am Rausch ist
nicht der Wein
schuld
–
sondern der Trinker

Herzlichst
Rainer Basedow

Zwei schwere Herzinfarkte hat der Schauspieler und Kabarettist **Rainer Basedow** (geb. 20. Mai 1938 in Mühlhausen/Thüringen) überlebt. Der Wachtmeister Dimpfelmoser aus dem Film „Der Räuber Hotzenplotz“ unterschreibt hier den chinesischen Philosophen Konfuzius. Und sagt noch heute: „Ein Glas Wein mag ich nicht, aber eine Flasche schon.“

Wer zu spät kommt hat mehr vom Chef!

FRANK ELSTNER

In der Rolle des Chefs ist **Frank Elstner** (geb. 19. April 1942 in Linz, Österreich, als Timm Maria Franz Elstner). Der deutsche Radio- und Fernsehmoderator lässt sich 1981 „Wetten, dass...?“ einfallen, laut „Wikipedia“ die erfolgreichste TV-Show Europas. Auch viele weitere Formate stammen aus der Feder des „Erfinders von Fernsehsendungen“.

VICO

Vico Torriani Sekretariat CH-6982 Agno-Lugano Tel. 091 591172 Postfach 6 Telegramm Vicoshow Lugano

Lieber günter,

Danke für Deine zeilen,und sehr gerne werde ich Dir einige zeilen von hand schreiben. da ich ständig und überall seit 35 jahren schon in jedem lokal,in jedem hotel und anderswo etwas ins stamm-bücher'l,ins poesie album und ins gästebuch schreiben soll,habe ich von ringelnatz eine sehr nette sache gelesen:

So vor ein Gästebuch hingezerrt
das macht Verdruss
man fühlt sich ins Poesie gesperrt
obwohl man gar nicht muss!

natürlich habe ich es nie in ein gästebuch geschrieben,doch jedes mal kommt mir der ringelnatz in den sinn.

alles gute und grüezi

Vico Torriani

„Kalkutta liegt am Ganges“ singt 1960 **Vico Torriani** (1920-1998), der eigentlich Ludovico Oxens Torriani heißt. Das ist zwar nicht ganz richtig, weil die indische Stadt am Fluss Hugli liegt. Sei`s drum: Die schöne Schnulze, Textversion der Tivoli-Melodie, verhilft dem Schweizer Entertainer („Der Goldene Schuss“) zu einem Nummer-eins-Hit.

Politik

NUR ECHT MIT ECHT GÖGE DIESEM ZEICHEN

165 Christian Wulff
166 Günther Nollau
167 Herbert Wehner
168 Helmut Gollwitzer
169 Eugen Kogon
170 Albert Oswald
171 Franz Josef Strauß
172 Hans Matthöfer
173 Hermann Höcherl
174 Liselotte Funcke
175 Erhard Eppler
176 Kurt Biedenkopf
177 Rainer Barzel
178 Martin Bangemann
179 Egon Bahr
180 Kurt Rebmann
181 Hans-Dietrich Genscher
182 Heinrich Albertz
183 Hans-Jochen Vogel
184 Manfred Wörner
185 Edmund Stoiber
186 Hans Apel
187 Hans Filbinger
188 Peter Glotz
189 Jürgen Möllemann
190 Loki Schmidt
191 Johannes Rau
192 Mildred Scheel
193 Richard von Weizsäcker
194 Klaus Matthiesen

Christian Wulff

Lührshof 8
30938 Burgwedel

13.10.2012

Kurt Tucholsky

„Die Menschen wollen so viel, haben, sein, und gelten – das einer alles hat, ist selten."

C. Wulff

Bettina Wulff

Als erster Bundespräsident muss sich **Christian Wilhelm Walter Wulff** (geb. am 19. Juni 1959 in Osnabrück) vor Gericht verantworten. Der frühere Ministerpräsident von Niedersachsen wird zwar vom Vorwurf der Vorteilsannahme freigesprochen. Da ist er aber bereits zurückgetreten und seine Frau Bettina hat sich von ihm getrennt. Kurz vor ihrem Auseinandergehen unterschreiben beide dieses Tucholsky-Zitat. Inzwischen sind sie wieder ein Paar.

Die Affäre um DDR-Spion Guillaume kostete ihm den Job: **Dr. Günther Konrad Nollau** (1911-1991) war 1975 als oberster Verfassungsschützer abgelöst worden. Nun, am 1. April 1980, schreibt der frühere Soldat der Wehrmacht in reinstem Kommisston seinen Befehl auf.

HERBERT WEHNER

2. Oktober 1979,

Sehr geehrter Herr Söge!

Schade, daß Sie Sätze sammeln; wie wäre es, wenn Sie Sätze bedächten?

Nichts für ungut –
mit freundlichem Gruß
Herbert Wehner.

Nollaus enger Vertrauter **Herbert Wehner** (1906-1990) nimmt kein Blatt vor den Mund. Der bärbeißige Fraktionsvorsitzende der SPD beschimpfte einst Parlamentskollegen als „Übelkrähe" (Jürgen Wohlrabe) oder „Hodentöter" (Jürgen Todenhöfer). Dagegen wählt er hier eher feinsinnige Ironie.

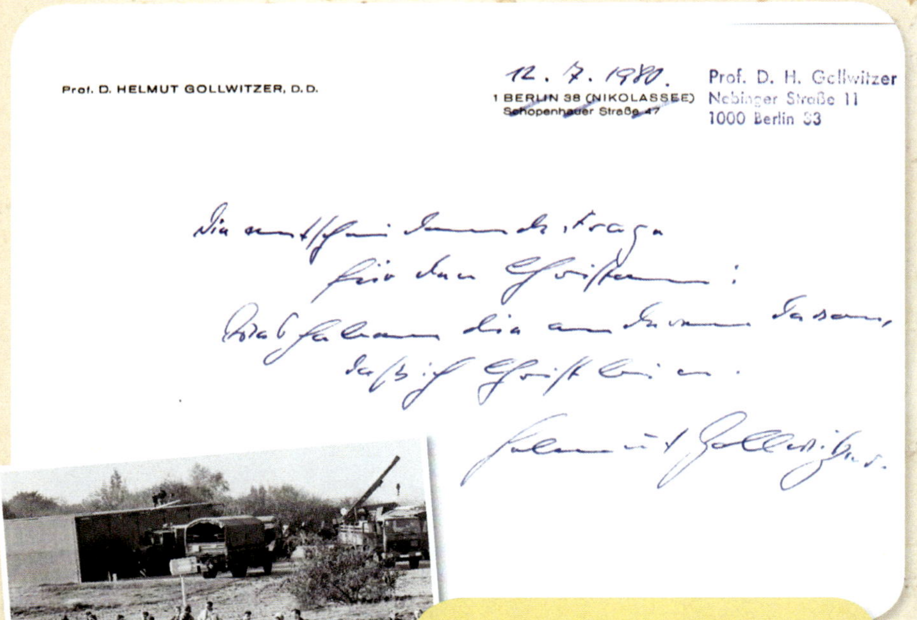

Prof. D. HELMUT GOLLWITZER, D.D.

12. 7. 1980.

1 BERLIN 38 (NIKOLASSEE)
Schopenhauer Straße 47

Prof. D. H. Gollwitzer
Nebinger Straße 11
1000 Berlin 33

„Die entscheidende Frage
für den Christen:
Wie erfahren die anderen Personen,
dass ich Christ bin.“

Der weise, alte „Golli“ zieht mit Matratze in ein besetztes Haus oder sitzt vor einem blockierten Raketendepot. Diese Fotomotive bleiben von dem evangelischen Theologen **Helmut Gollwitzer** (1908-1993) in Erinnerung. Er engagiert sich in der 1968er Studentenbewegung, hält die Grabreden für Rudi Dutschke und Ulrike Meinhof.

Professor Dr. Eugen Kogon
em. Ordinarius für Wissenschaftliche Politik
an der Technischen Hochschule Darmstadt

6240 Königstein (Taunus) 2
Reichenbachweg 21 B
Telefon 06174 / 214 67

8. Februar 1980

Der Sinn der Geschichte
ist die Evolution
zur Höchststufe der Humanität.

Herrn Günter Göge.

Eugen Kogon.
Februar 1980

Den Tiefpunkt der Evolution erlebt **Eugen Kogon** (1903-1987) im KZ Buchenwald. Dort ist der Gegner des Nationalsozialismus von 1939 bis 1945 eingesperrt. 1946 beschreibt er in „Der SS-Staat" umfassend „das System der deutschen Konzentrationslager". Der Publizist gilt als ein intellektueller Vater der Bundesrepublik.

Fleiß, Leistung und Glück führen zum Erfolg.

Albert Osswald (1919-1996), Sohn eines Maurers, arbeitet sich nach oben: Mittlere Reife, kaufmännische Lehre, Hessischer Ministerpräsident, Chef der Hessischen Landesbank (Helaba). 1976 geht`s in die Gegenrichtung: Wegen finanzieller Unregelmäßigkeiten („Helaba-Skandal“) erklärt der gebürtige Gießener seinen Rücktritt.

Quidquid agis, prudenter agas
ac respice finem
F.J. Strauß
8.1.1979

„Was du auch tust, tue es klug und bedenke das Ende", zitiert der CSU-Vorsitzende **Franz Josef Strauß** (1915-1988) die alten Römer. Dem politischen Schwergewicht gelingt das nicht immer. Skandale pflastern den Weg des bayerischen Stiernackens. FJS bekleidet zahlreiche Ministerposten, scheitert aber 1980 als Kanzlerkandidat an Helmut Schmidt.

Der Bundesminister der Finanzen

Der Friede ist die Grundlage des Fortschritts.

Hans Matthöfer

Ein wenig blutleer klingt der Satz des Bundesministers **Hans Matthöfer** (1925-2009). Der SPD-Mann ist geprägt von strenger Sachlichkeit, heißt es in seinem Nachruf. Als Arbeitersohn aus dem Ruhrpott kämpft er sich auf dem zweiten Bildungsweg nach oben und saniert die ins Trudeln geratene Gewerkschaftsholding BGAG.

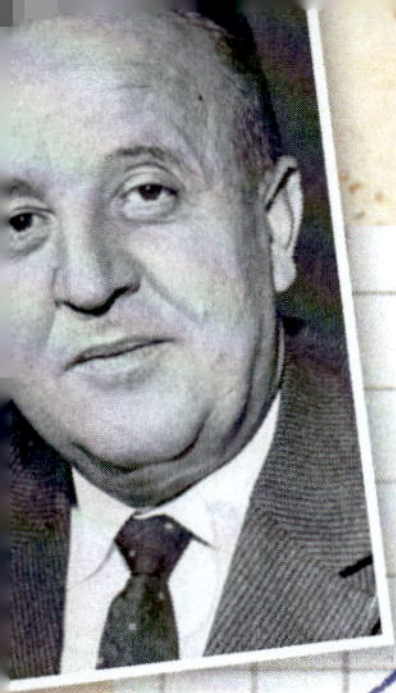

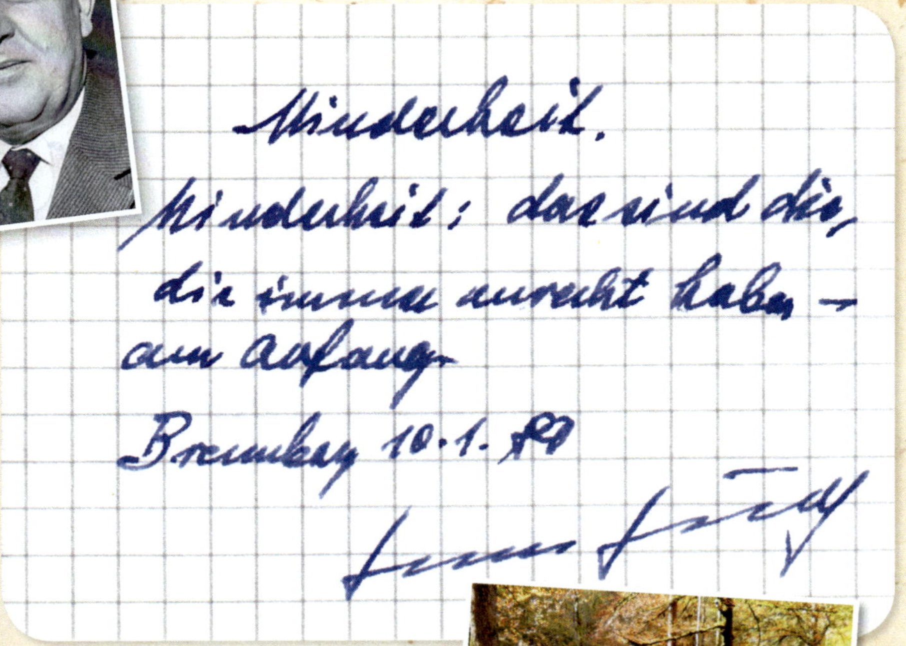

Minderheit.
Minderheit: das sind die,
die immer unrecht haben –
am Anfang
Brennberg 10.1.80

„Bayerische Prachtausgabe eines Politikers“ nennt der „Spiegel“ den kugeligen CSU-Bundesminister **Hermann Höcherl** (1912-1989). Der kleinwüchsige Zwei-Zentner-Mann spricht in seiner auf Abrissblock übermittelten Botschaft aus eigener Erfahrung: 1971 ist er einziger Unionsmann bei Willy Brandts Friedensnobelpreisfeier.

LISELOTTE FUNCKE

Ein Satz vermag viel,
wenn er zur rechten Zeit
gesagt wird.

Liselotte Funcke

20. 12. 1979

Nicht nur als Vizepräsidentin des Bundestags wird **Liselotte Funcke** (1918-2012) über alle Parteigrenzen hinweg geschätzt. Einen Namen macht sich die kämpferische FDP-Politikerin auch als Ausländerbeauftragte unter den Kanzlern Schmidt und Kohl.

ERHARD EPPLER

Silcherstraße 23
7295 Dornstetten
Haus des Landtags
7000 Stuttgart 1

Nicht jeder Tag
ist auch ein Gewinn

13.12.79

Kopf der Friedensbewegung und Kirchentagspräsident: **Erhard Eppler** (geb. 9. Dezember 1926 in Ulm) ist eine moralische Instanz. Der gelernte Lehrer hat diverse Führungsämter in der SPD inne. Kein guter Tag ist der 8. Juli 1974, als er als Bundesminister für wirtschaftliche Zusammenarbeit zurücktritt.

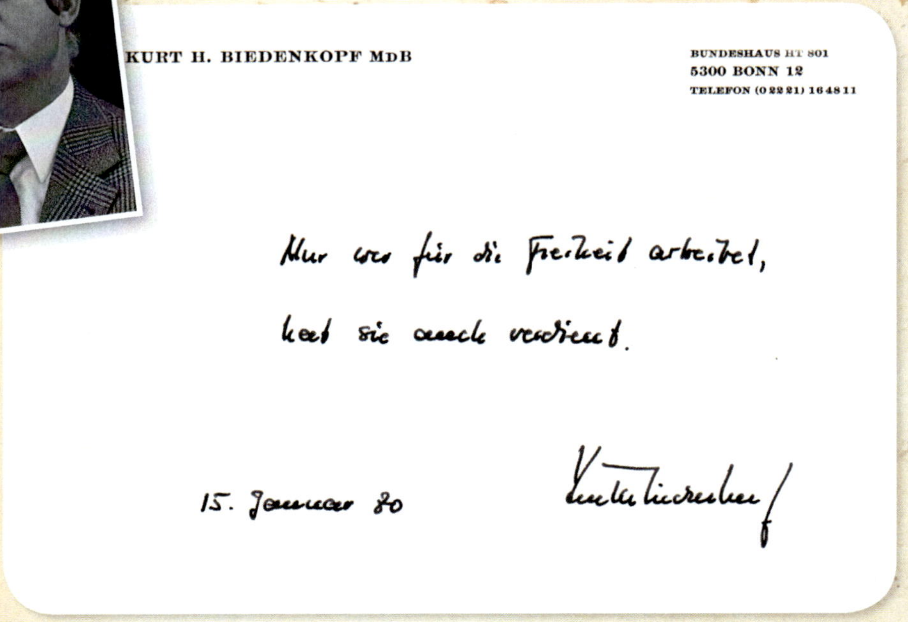

KURT H. BIEDENKOPF MdB

BUNDESHAUS HT 801
5300 BONN 12
TELEFON (02221) 164811

Nur wer für die Freiheit arbeitet,
hat sie auch verdient.

15. Januar 80

Ganz im Sinne seines Wahlspruchs lässt sich **Kurt Hans Biedenkopf** (geb. 28. Januar 1930 in Ludwigshafen) zum ersten Ministerpräsidenten von Sachsen nach der Wiedervereinigung wählen. Der CDU-Politiker und Jurist regiert den Freistaat von 1990 bis 2002. Die Liste seiner Auszeichnungen auf Wikipedia führt „Krawattenmann des Jahres 1973" an.

Auf den Menschen kommt es an!

Rainer Barzel

28.11.79

Senkrechtstarter **Rainer Candidus Barzel** (1924-2006) wäre fast Bundeskanzler geworden. Aber dem Menschen Barzel fehlt das Charisma. Er unterliegt 1972 per Misstrauensvotum gegen Willy Brandt – wegen von der Stasi bezahlter Überläufer und Verrätern in eigenen Reihen. Er muss dem aufstrebenden Helmut Kohl weichen.

Dr. Martin Bangemann
Mitglied des Deutschen Bundestages
Mitglied des Europäischen Parlaments

Was ist, läßt sich sagen; was sich nicht sagen läßt, darüber soll man schweigen.

Auf den Philosophen Wittgenstein beruft sich **Martin Bangemann** (geb. 15. November 1934 in Wiesbaden). Worüber der frühere FDP-Vorsitzende und Bundeswirtschaftsminister lieber schweigt: Schon als EU-Kommissar für Telekommunikation fädelt er seinen Wechsel zum Telekomriesen Telefonica ein.

Die Menschheit leidet darunter, dass Erfahrungen nicht übertragbar sind.

Egon Bahr

Seine Lebensweisheit lässt **Egon Bahr** (1922-2015) auch in die politische Arbeit einfließen. Der SPD-Mann prägt die von der Regierung Brandt eingeleitete Deutschlandpolitik. „Wandel durch Annäherung" ist der Leitgedanke. Der Brandt-Intimus treibt die Entspannungspolitik als Unterhändler in Moskau und Ost-Berlin voran.

Ich bekenne mich zu einer Justiz, die nicht nur richtet, sondern auch aufrichtet.

Bei der Jagd nach Terroristen gelten für **Kurt Rebmann** (1924-2005) andere Gesetze. Nach Siegfried Bubacks Ermordung durch die RAF setzt der neue Generalbundesanwalt auf unerbittliche Härte und fordert eine Verschärfung des Strafrechts bis hin zur Todesstrafe. Der Jurist engagiert sich aber auch in der Straffälligenhilfe.

Es gilt für die Welt insgesamt ein ehernes Gesetz der Interdependenz: die Teile können nicht gedeihen, wenn das Ganze nicht gedeiht.

Ein Mann für die Geschichtsbücher: **Hans-Dietrich Genscher** (geb. 21. März 1927 in Halle-Reideburg), den der „Spiegel" „ewiger Außenminister" nennt. Fast zwei Jahrzehnte ist der FDP-Politiker das Gesicht der deutschen Entspannungspolitik. Höhepunkt: die deutsche Wiedervereinigung und sein historischer Halbsatz auf dem Balkon der Prager Botschaft.

…ALBERTZ

ROLANDSTRASSE 6 B
1000 BERLN 38 - SCHLACHTENSEE

4.11.89.

Lieber Herr Böge -

hier ist mein Satz:
Man soll sagen, was man tut, und tun, was man sagt.

Mit freundlichem Gruss

Heinrich Albertz

Erst Ordnungsfanatiker als Bürgermeister von Berlin, dann als Pfarrer ein Vermittler zwischen rebellischer Jugend und Gesellschaft: **Heinrich Albertz** (1915-1993) hat die eigene Glaubwürdigkeit mit einer radikalen Kehrtwende wiedergefunden. Das Datum der Wandlung: 2. Juni 1967; der Student Benno Ohnesorge stirbt durch eine Polizeikugel.

Sehr geehrter Herr Göge,

Ihr Wunsch ist zwar etwas ausgefallen, dennoch will ich ihn erfüllen. Allerdings handelt es sich bei dem Satz

Aliis lugendo consumor

nicht um einen Satz von mir, sondern einen Satz des ersten bayerischen Kurfürsten Maximilian I. aus dem 17. Jahrhundert. Zu deutsch heißt das Zitat "Anderen leuchtend verzehre ich mich". Wenn Sie etwas darüber nachdenken, werden Sie den tieferen Sinn sicherlich genauso eindrucksvoll finden wie ich.

Mit freundlichen Grüßen

Bürgermeister von München und Berlin, Bundesminister der Justiz, Kanzlerkandidat und Parteivorsitzender: SPD-Legende **Hans-Jochen Vogel** (geb. 3. Februar 1926 in Göttingen) vergleicht sich mit einer Kerze, die sich für andere verzehrt. Nun ist er mit seiner Kraft am Ende. Vogel hat Parkinson, lebt mit Frau im Altersheim und fühlt sich „lebenssatt".

Dr. Wörner
Mitglied des Deutschen Bundestages

Sehr geehrter Herr Jöge,

Besser anständig zu verlieren
als unanständig zu siegen

mit freundlichem Gruß

M. Wörner

Etwas unanständig wird CDU-Politiker **Manfred Wörner** (1934-1994) drei Jahre nach diesem Brief: Der Verteidigungsminister versetzt Vier-Sterne-General Günter Kießling wegen dessen angeblicher Homosexualität als Sicherheitsrisiko in den vorzeitigen Ruhestand. Kießling wird rehabilitiert. Kampfpilot Wörner steigt zum Nato-Generalsekretär auf.

Lethargie ist Gift für alles

„Gestammelte Werke“ nennt sich im Internet eine Sammlung der berühmtesten Versprecher des CSU-Politikers **Dr. Edmund Stoiber** (geb. 28. September 1941 in Oberaudorf). Der frühere bayerische Ministerpräsident und Kanzlerkandidat trägt es mit Humor. Seine Reden sind Popkultur. Aktuelle Politiker findet er langweilig und emotionslos.

Sehr geehrter Herr Göge!

Haben Sie herzlichen Dank für Ihre Zeilen vom 6. Oktober 1979. Ich muß Ihnen ehrlich gestehen, daß es Ihnen gelungen ist, mich damit für einen Moment zu verblüffen. Dies ist einer der merkwürdigsten Sammlerwünsche, die je an mich herangetragen wurden. So ist der Satz, den ich Ihnen für Ihre Sammlung geben will, gleichzeitig meine Reaktion auf Ihren Wunsch: "Man sollte sich davor hüten, etwa anzunehmen, es könne einen nichts mehr in Erstaunen versetzen".

Mit bestem Gruß

Ihr Hans Apel

Eine unangenehme Überraschung erlebt Hanseat **Dr. Hans Apel** (1932-2011) im Jahr 1988: Das „sozialdemokratische Urgestein“ (Spiegel) wird nicht mehr in den Parteivorstand gewählt. Enttäuscht verzichtet der frühere Bundesminister der Finanzen und der Verteidigung auf sämtliche Parteiämter und rechnet in Büchern mit dem Parteienklüngel ab.

Dr. Dr. h. c. Hans Filbinger
Ministerpräsident a. D.
~~Vorsitzender der CDU Baden-Württemberg~~

Hohenheimer Straße 9
7000 Stuttgart 1

18. Dezember 1979
sch

Herrn

Günter G ö g e
Brauberg 10

3540 Korbach 1

Sehr geehrter Herr Göge,

ein fröhliches Herz und die Kraft zur Erfüllung Ihrer Aufgaben,

wünsche ich Ihnen für 1980.

Mit freundlichen Grüssen

Von wegen Pflichterfüllung: Die sieht **Hans Filbinger** (1931-2007) auch in seiner Arbeit für das NS-Regime. Als Marinerichter hatte er an Todesurteilen mitgewirkt. In der nach ihm benannten Affäre wird der CDU-Politiker zum Symbol der Uneinsichtigkeit. Filbinger muss als Ministerpräsident zurücktreten, auch den Parteivorsitz ist er los.

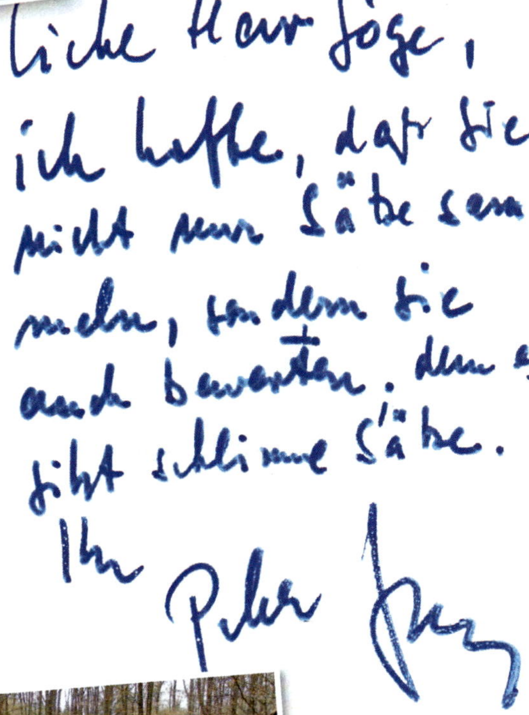
Lieber Herr Jörges,
ich hoffe, daß Sie
nicht nur Sätze sammeln, sondern sie
auch bewerten. Denn es
gibt schlimme Sätze.
Ihr
Peter Glotz

Marathon-Mann **Peter Glotz** (1939-2005): „Er publizierte schnell und redete noch schneller", schreibt der „Spiegel" über den Sudetendeutschen. Der intellektuelle Denker führt die SPD als Bundesgeschäftsführer an der Seite von Willy Brandt. Als gegen den Kanzler geputscht wird, verschwindet er 1987 mit dem Ehrenvorsitzenden von der Bonner Bühne.

„Wir Liberalen fühlen uns nur in Freiheit wohl!“

M

Die Freiheit zum Selbstmord: Am 5. Juni 2003 wird es eng für **Jürgen Wilhelm Möllemann** (1945-2003). Hausdurchsuchung, der Bundestag hebt wegen des Parteispendenskandals in Nordrhein-Westfalen die Immunität des früheren FDP-Landeschefs auf. Der begeisterte Fallschirmspringer, einst Vizekanzler unter Helmut Kohl, springt freiwillig in den Tod.

HANNELORE SCHMIDT

2.4.80

Sehr geehrter Herr Göge!

Dieser Satz ist für Sie ganz allein.

Loki Schmidt

Als **Hannelore Schmidt** (1919-2010), die alle nur Loki nennen, dieses großzügige Geschenk macht, ist sie Kanzlergattin von Helmut Schmidt und mehr als das. Die Pädagogin macht sich als Natur- und Pflanzenschützerin einen Namen. Ihre Lebenserinnerungen werden zum Bestseller. Und die Hanseatin ist leidenschaftliche Raucherin wie er.

Hätte es die Einwanderung aus den Dörfern des Waldecker Landes ins Bergische nicht gegeben, wäre die Stadt Wuppertal heute noch ein unbedeutendes Dorf und keine bedeutende Stadt; deshalb dürfen die Verbindungen nicht abreißen.

Johannes Rau. 23/4.80.

Der gebürtige Wuppertaler **Johannes Rau** (1931-2006) stellt eine Verbindung zum unbekannten Briefschreiber her. „Bruder Johannes“, wie er wegen seines öffentlich gelebten Glaubens genannt wird, ist da noch Ministerpräsident. 1999 steigt der stellvertretende SPD-Vorsitzende und einstige Kanzlerkandidat zum Bundespräsidenten auf.

DR. MILDRED SCHEEL

Köln, den 6. Dezember 1979
Lindenallee 23

Herrn
Günter Göge
Brauberg 1o

354o Korbach 1

Sehr geehrter Herr Göge,

herzlichen Dank für Ihr Schreiben vom 3o. November 1979.

Gern bin ich bereit, Ihnen einen Satz für Ihre Sammlung zukommen zu lassen.

"Bei all meinen Bemühungen, habe ich immer das Ziel vor Augen: Leben zu bewahren!"

Mit freundlichen Grüßen

Ihr eigenes Leben kann **Dr. Mildred Scheel** (1932-1985) leider nicht bewahren. Als Walter Scheel 1974 zum Bundespräsidenten gewählt wird, gründet seine Frau die Deutsche Krebshilfe. Wegen ihres sozialen Engagements genießt die Ärztin international hohes Ansehen. Aber zehn Jahre später erkrankt sie selbst an Krebs und stirbt mit 52 Jahren.

Regierende Bürgermeister von Berlin

BERLIN

nde Bürgermeister, Rathaus Schöneberg, D-1000 Berlin 62

GeschZ. (bei Antwort bitte angeben)

Herrn
Günter Göge
Walmestraße 19

3540 Korbach

Zimmer

Fernruf 78 31 (Vermittlung)

Apparat (Durchwahl 783 + App.-Nr.)
Intern (90)

Datum

12. Juli 1982

Sehr geehrter Herr Göge,

von Ihnen gesammelt zu werden, das ist - in einem Satz - eine besonders günstige Gelegenheit, in gute Gesellschaft zu geraten, worüber ich mich immer freue, wenn es mir wieder einmal gelungen ist.

Mit freundlichen Grüßen

Ihr R. Weizsäcker

Dr.von Weizsäcker

Volksnah, wortgewandt und edel: So ist **Richard von Weizsäcker** (1920-2015) auch schon als Regierender Bürgermeister von Berlin. Zwei Jahre später wird er zum Bundespräsidenten gewählt und führt Deutschland in die Wiedervereinigung. Kaum ein anderer Politiker habe bei den Deutschen ein höheres Ansehen, schreibt die „Süddeutsche Zeitung“ im Nachruf.

Politik ist viel, aber nicht alles.

Klaus Matthiesen

Als rastlosen Macher beschreibt der „Spiegel" den norddeutschen SPD-Politiker **Klaus Matthiesen** (1941-1998). Der Landarbeitersohn arbeitet sich zielstrebig vom Postbeamten bis zum Umweltminister Westfalens nach oben. Als er gerade seinen Wechsel in die freie Wirtschaft angekündigt hat, stirbt der Flensburger mit 57 Jahren im Schlaf.

Wirtschaft

NUR ECHT MIT
ECHT GÖGE
DIESEM ZEICHEN

197 Siegfried Unseld
198 Elisabeth Noelle-Neumann
199 Franz Schneider
200 Philip Rosenthal
201 Ludwig Poullain
202 Prinz von Preußen, Louis Ferdinand
203 Beate Rotermund-Uhse
204 Rolf Rodenstock
205 Hans Friderichs
206 Rudolf-August Oetker
207 Karl Klasen
208 Leonhard Mahlein

Siegfried Unseld

Große Entscheidungen im Leben trifft man nicht selbst. Es sind die Umstände, die solche Entscheidungen herbeiführen. Man kann freilich diese Umstände beeinflussen.

Siegfried Unseld

Frankfurt, im Juli 1980

Schon komisch, wie der dominante Lebemann **Siegfried Unseld** (1924-2002) zu dieser Maxime kommt. Dem Übervater des Suhrkamp-Verlages vertrauen berühmte Autoren wie Walser, Hesse oder Enzensberger ihr Lebenswerk an. Die Entscheidung über seine Nachfolge - Ehefrau Ulla Berkéwitz statt Sohn Joachim - hat Unseld aber dann mehr als nur beeinflusst.

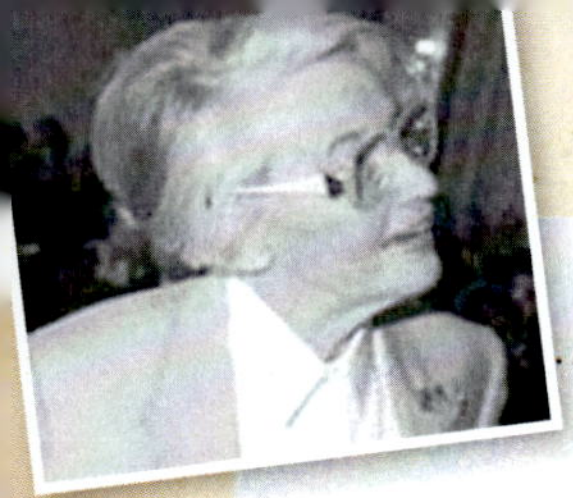

ELISABETH NOELLE-NEUMANN · ALLENSBACH AM BODENSEE

am 12. Mai 1981

Für die Sammlung von Herrn Günter Göge: ein Satz.

Meinungsklima – das Wort klingt sanft, aber es bezeichnet eine gefährliche Sache.

Elisabeth Noelle-Neumann

Deutsche Befindlichkeiten analysiert **Elisabeth Noelle-Neumann** (1916-2010): Sie gründet in Allensbach das erste Meinungsforschungsinstitut der Bundesrepublik. Die Zeitungswissenschaftlerin ist im Nationalsozialismus selbst Teil eines gefährlichen Meinungsklimas. Sie schreibt laut „Spiegel“ für das Goebbels-Propagandablatt „Das Reich“.

Es gibt 1000 Gründe etwas
nicht zu tun und nur
einen damit etwas geschieht:

Ich will

Franz Schneider

11. 6. 80

Kinderbücher der englischen Autorin Enid Blyton machen den Verlag von **Franz Schneider** (1925-2008) bekannt. Die Abenteuer von „Hanni und Nanni“ oder die „Fünf-Freunde“-Reihe werden zu Welterfolgen. Im Sinne seines Plädoyers für Willenskraft verkauft er mit 60 den Verlag, unternimmt Weltreisen mit eigenem Flugzeug und beschäftigt sich mit Pop-Art.

Philip Rosenthal MdB (SPD)

Parl. Staatssekretär a.D.

Das Leben ist wie eine Bergwiese voll schöner Blumen und stinkender Kuhfladen. Glück oder Unglück ist, wo man mehr hinschaut.

Eher Blumen als Kuhfladen zeigt der sozial engagierte **Philip Rosenthal** (1916-2001) seinen Mitmenschen. Als einer der ersten deutschen Unternehmer beteiligt er die Arbeitnehmer an seiner Porzellanfabrik. Der begeisterte Bergsteiger schwimmt laut „Spiegel“ noch mit 73 Jahren in Etappen um die Insel Gran Canaria.

Der Kluge nimmt Glück wie Wetter im April.

Ludwig Poullain

9. März 1980

Wechselhaft verläuft auch die berufliche Laufbahn des Bankiers **Ludwig Poullain** (geb. 23. Dezember 1919 in Lüttringhausen). Nach seinem Rücktritt als Präsident des Deutschen Sparkassen- und Giroverbandes muss er wegen eines Beratervertrages und der sogenannten Poullain-Affäre auch den Vorstandsvorsitz der Westdeutschen Landesbank räumen.

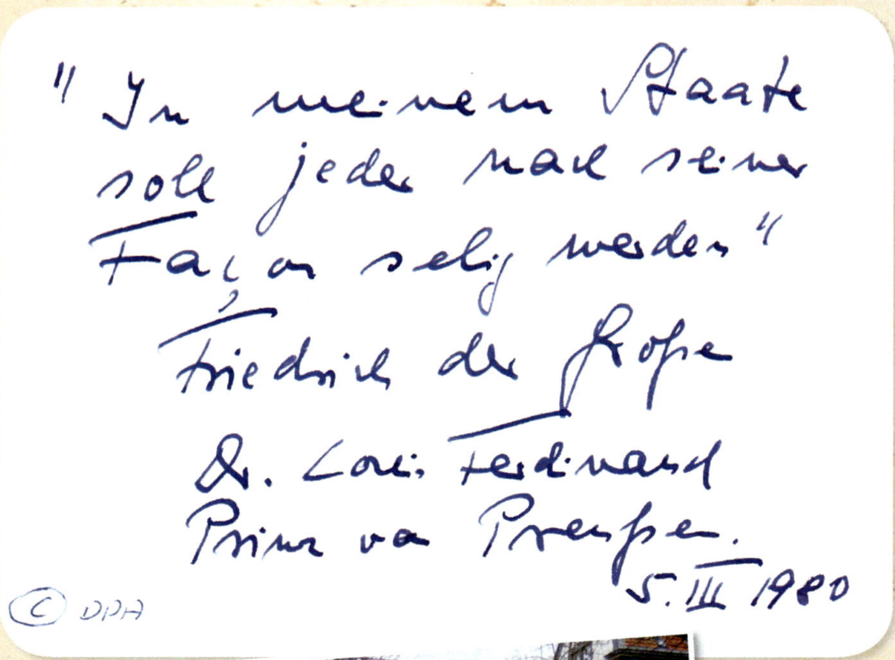

"In meinem Staate soll jeder nach seiner Façon selig werden"
Friedrich der Große
Dr. Louis Ferdinand
Prinz von Preußen.
5. III 1980

© DPA

Um ein Haar wäre Kaiserenkel **Louis Ferdinand Prinz von Preußen** (1907-1994) Staatsoberhaupt des Deutschen Reiches geworden. Doch das von ihm gebilligte Attentat auf Adolf Hitler scheiterte 1944. Das Oberhaupt des Hauses Hohenzollern, das sich auch als Komponist einen Namen machte, zitiert hier das geflügelte Wort seines berühmten Vorfahren.

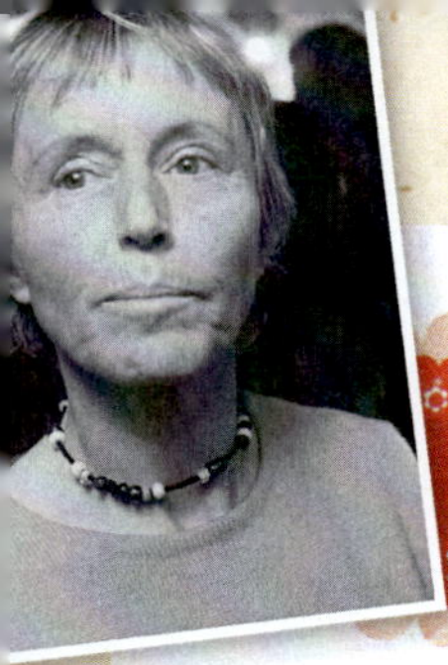

12.10.79

Memo von **Beate Rotermund**

Sehr geehrter Herr Göge,

„Wo die Liebe hinfällt
das frisst die Kuh kein
gras mehr".

Beate Uhse

Natürlich muss es ein Satz über die Liebe sein: **Beate Rotermund-Uhse** (1919-2001) eröffnet 1962 in Flensburg ihr „Fachgeschäft für Ehehygiene", den ersten Erotikshop der Welt. Heute ist das Unternehmen börsennotiert. Die frühere Testpilotin erwirbt mit 75 noch den Tauchschein, spielt Golf und lernt Selbstverteidigung für Frauen.

ROLF RODENSTOCK

8 MÜNCHEN 5
ISARTALSTRASSE 43
TELEFON 7202-204

10.4.92

Herrn Günter Göpe:

„Bemühe Dich, das Dasein bewusst zu erleben,
den Menschen um Dich herum etwas zugeben.
Versuche nicht, alles zu verstehen,
einen Teil Deines Weges musst Du im Dunkel gehen.

R. Rodenstock

Den Durchblick im doppelten Sinne hat der Brillenfabrikant **Rolf Rodenstock** (1917-1997). Unter seiner Leitung steigt das Familienunternehmen zu einem der führenden Hersteller von Brillen und Präzisionsoptik in Europa auf. Parallel übernimmt der gelernte Physiker Verantwortung in Verbänden der Industrie und philosophiert über das Leben.

Dr. Hans Friderichs 10.7.82

„Die Notwendigkeit zu entscheiden reicht weiter als die Möglichkeit zu erkennen."
Diesen Satz von Kant, sehr geehrter Herr Jöge, steht auf meinem Schreibtisch.
Beste Grüße
Ihr Hans Friderichs

Gallusanlage 7-8, 6000 Frankfurt a. M. 1

Der frühere Bundeswirtschaftsminister **Hans Friderichs** (geb. 16. Oktober 1931 in Wittlich) zitiert 1982 Immanuel Kant. Ganz im diesem Sinne wird der FDP-Politiker und Manager im Jahr darauf in die sogenannte Flick-Spenden-Affäre verwickelt und schließlich wegen Steuerhinterziehung zu einer Geldstrafe verurteilt.

Ein Satz!

Wir haben heute in Deutschland kein Bildungsproblem sondern ein Erziehungsproblem!

22. 3. 1980.

Rudolf August Oetker.

„Ein kluger Kopf nimmt Dr. Oetker“ ist einer der Slogans, mit denen **Rudolf-August Oetker** (1916-2007) für Backpulver und andere Lebensmittel wirbt. Der Enkel des Firmengründers übernimmt 1944 die „Pudding-Dynastie“ („Bild“). Ein Jahr vor seinem Ausscheiden aus dem Familienunternehmen 1981 sieht der Kunstmäzen und Ehrenbürger der Stadt Bielefeld ein Erziehungsproblem.

DR. KARL KLASEN

2000 HAMBURG 11
ADOLPHSPLATZ 7

den 29. Januar 1980

Herrn
Günter G ö g e
Brauberg 10

3540 Korbach 1

Sehr geehrter Herr Göge,

Sie haben mich um einen Satz für Ihre Sammlung gebeten. Als Leitlinie für Ihr persönliches Leben möchte ich Ihnen empfehlen:

" Geben Sie immer eine Mark weniger aus, als Sie einnehmen".

Mit freundlichen Grüssen

Karl Klasen

Ein passender Leitspruch für einen Bundesbank-Präsidenten. Bevor **Karl Klasen** (1909-1991) die Behörde von 1970 bis 1977 als oberster Währungshüter führt, ist der Hanseat bereits Chef der Deutschen Bank und leitet eine Reederei. Helmut Schmidt erhält von ihm seinen ersten Autokredit, wie der Ex-Kanzler in der „Zeit" berichtet.

Leonhard Mahlein
Erster Vorsitzender der Industriegewerkschaft Druck und Papier
Bundesrepublik Deutschland

7 Stuttgart 1
Postfach 1282

Es gibt große und gute Gewerkschaften, eine große ist die IG Druck + Papier nicht.

28.2.80

Mahlein

Privatanschrift: 7 Stuttgart 70 Hoffeldstraße 207

Als das Arbeiterkind **Leonhard Mahlein** (1921-1985) im Jahr 1968 den Vorsitz der IG Druck und Papier übernimmt, zählen Setzer und Drucker zur Elite der Gewerkschaftsbewegung. Das wandelt sich gründlich. Der gelernte Buchdrucker kämpft bis 1983 vehement gegen den Verlust von Arbeitsplätzen durch neue Techniken.

Sport

NUR ECHT MIT
ECHT GÖGE
DIESEM ZEICHEN

DEUTSCHER FUSSBALL BUND

211 Felix Baumgartner
212 Graciano Rocchigiani
213 Adolf Seger
214 Liesel Westermann-Krieg
215 Helmut Schön
216 Fritz-Huschke von Hanstein
217 Rudi Kargus
218 Eberhard Gienger
219 Rudi Altig
220 Erich Deuser
221 Vlado Stenzel
222 Hans-Jürgen Bäumler
223 Rene Weller
224 Bernhard Dietz
225 Bubi Scholz
226 Hans-Joachim Stuck
227 Holger Obermann
228 Heiner Brand

„MANCHMAL MUSS MAN SEHR HOCH HINAUS UM ZU VERSTEHEN WIE KLEIN MAN EIGENTLICH IST."

Bis an den Rand des Weltraums, auf 39.000 Meter Höhe, steigt der Extremsportler **Felix Baumgartner** (geb. 20. April 1969 in Salzburg) im Oktober 2012 mit einem Ballon. Von dort lässt sich der Österreicher zur Erde zurückfallen: zunächst mit Überschallgeschwindigkeit im freien Fall, die letzten 1600 Meter unter einem Fallschirm. Er stellt vier neue Rekorde auf.

Lieber Herr Göge,

Ihre Bitte ist wirklich etwas ausgefallen aber auch sehr interessant. Ich habe einige Zeit über einen Gedanken für Sie nachgedacht und hier ist er nun:

„Was Du heute kannst besorgen, verschiebe nicht auf morgen."

Vielleicht konnte ich Ihnen hiermit Ihre Bitte erfüllen.

Ich wünsche Ihnen noch viel Glück bei Ihrem außergewöhnlichen Hobby.

Mit freundlichen Grüßen

Graciano Rocchigiani

Titel und Tiefschläge: **Graciano Rocchigiani** (geb. 29. Dezember 1963 in Duisburg-Rheinhausen) verschiebt nichts auf morgen. „Rocky" wird dritter deutscher Weltmeister der Profiboxer. Seine legendären Kämpfe mit Henry Maske und Dariusz Michalczewski sind ebenso in Erinnerung wie sein „Rabauken-Image" („Wikipedia") außerhalb des Rings.

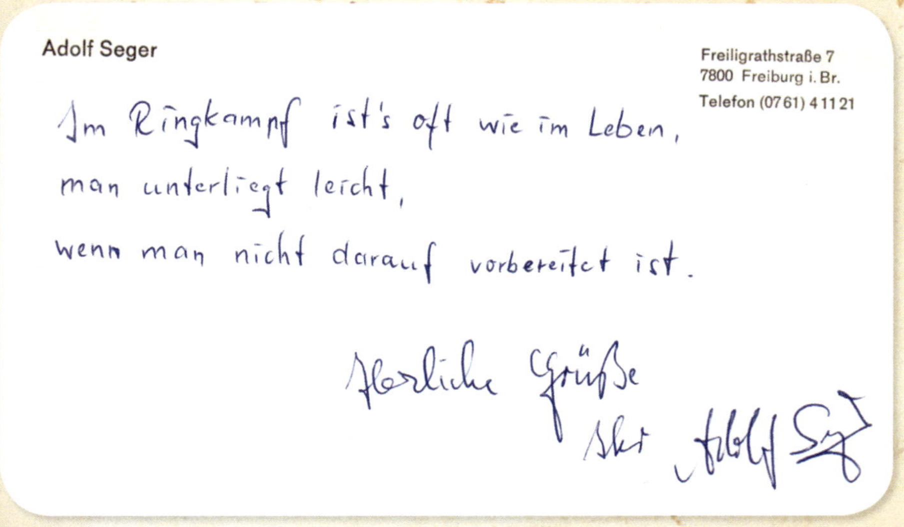

Adolf Seger

Freiligrathstraße 7
7800 Freiburg i. Br.
Telefon (0761) 41121

Im Ringkampf ist's oft wie im Leben,
man unterliegt leicht,
wenn man nicht darauf vorbereitet ist.

Herzliche Grüße
Ihr Adolf Seger

Ringer-Legende **Adolf Seger** (geb. 2. Januar 1945 in Freiburg im Breisgau) ist immer vorbereitet. Der zweifache Freistil-Weltmeister und Medaillengewinner bei Olympia gilt als Vorbild an Trainingsfleiß. Im Sport sieht der Postbote eine Metapher zum Leben. Auch seine fünf Brüder und neun Schwestern dürften dabei eine Rolle gespielt haben.

Wer ein Kamel liebt,
muß sich mit seinen
Höckern abfinden.

Liesel Westermann-Krieg

Ein arabisches Sprichwort zitiert **Liesel Westermann-Krieg** (geb. 2. November 1944 in Sulingen), die viel herum gekommen ist. Denn die „blonde Walküre" („Bild") wirft in den 1960er Jahren dreimal Weltrekord mit dem Diskus, obwohl die Lehrerin gelegentlich raucht, Sekt trinkt, und ein Verehrer ihr laut „Spiegel" auf Sportreisen bis Amerika folgt.

Sehr geehrter Herr Göge,

ich habe Ihre Zeilen erhalten und kann jetzt Ihren Wunsch verstehen. Wie Sie mir mitteilen, haben Sie schon viel Erfolg bei Ihrer Sammlung gehabt, und ich bin gern bereit, auch von meiner Seite einen Satz beizutragen.

Nach meinem ersten erfolgreichen Länderspiel gegen Schweden (5:0, 1937 in Hamburg) hat ein damals bekannter Journalist mir folgenden Rat gegeben:"Bleiben Sie immer auf dem Teppich. Dann können Sie nie so tief fallen." Dieses Wort habe ich zeitlebens nie vergessen und immer versucht, es zu beherzigen.

Ich hoffe, daß Sie mit diesem Satz etwas anfangen können und verbleibe

Lb. Herr Göge! Vielen Dank für Ihre freundlichen Zeilen! Ihr Helmut Schön 3.X.79

mit freundlichen Grüßen

Ihr

Helmut Schön

Ein Muster an Bescheidenheit ist der Fußballer und Bundestrainer **Helmut Schön** (1915-1996). „Der Mann mit der Mütze", selbst 16maliger Nationalspieler des Dresdner SC, führt Deutschland 1974 mit seiner eher leisen Art zum Weltmeister-Titel. Er steht dabei aber immer im Schatten solcher Ausnahmespieler wie Beckenbauer, Müller, Overath oder Netzer.

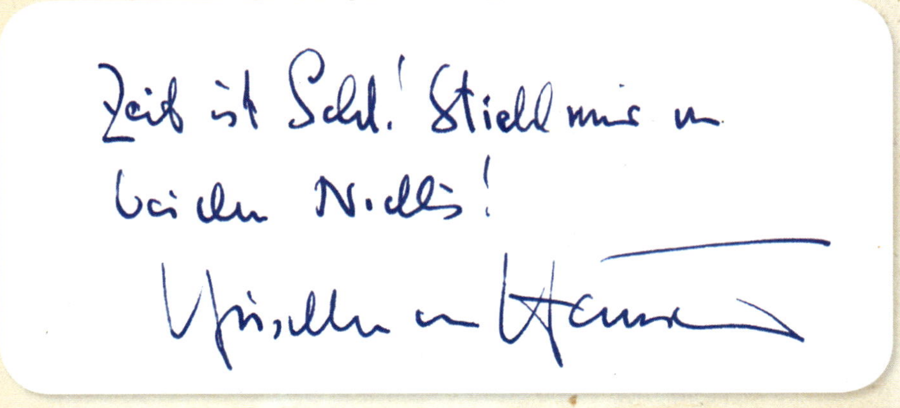

Ein wenig ruppig reagiert der geniale Autorennfahrer **Fritz Sittig Enno Werner von Hanstein** (1911-1996), der offiziell den Rufnamen Fritz-Huschke trägt. Der Sohn des Husaren-Rittmeisters Carlo von Hanstein wird 1954 Rennleiter bei Porsche und bringt es als Sportfunktionär zu weltweiter Anerkennung.

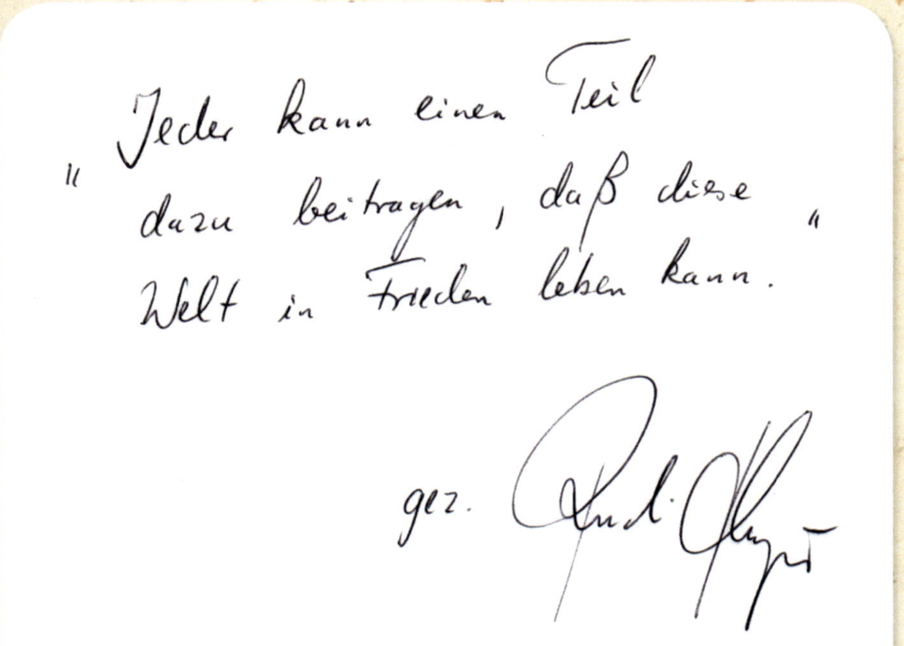

„Jeder kann einen Teil dazu beitragen, daß diese Welt in Frieden leben kann."

gez. [Unterschrift]

Rudi Kargus
Rehagenring 11g
2071 Ammersbek

Ein bisschen Frieden: **Rudi Kargus** (geb. 15. August 1952 in Worms) schreibt als „Elfmeter-Töter" Bundesliga-Geschichte. Der frühere Torwart gewinnt Meisterschaft (1979) und Europapokal (1977) mit dem Hamburger SV. Inzwischen hat der sensible Mann mit dem Malen von expressionistischen Bildern seinen Frieden gefunden.

Ffm, 4. 1. '80

Sehr geehrter Herr Göge!

Ein Satz, der mir bei Niederlagen immer wieder auf die Beine geholfen hat:

„Ein Meister fällt erst, wenn er nicht mehr aufsteht."

Viele Grüße

Eberhard Gienger

Immer wieder aufzustehen lernt **Eberhard Gienger** (geb. 21. Juli 1951 in Künzelsau) als Kunstturner. Der Weltmeister am Reck erlebt aber seinen schwersten Sturz im Jahr 2000, als er beim Fallschirmspringen aus zehn Metern Höhe ungebremst zu Boden fällt. Gienger kommt mit Knochenbrüchen davon, steht auf und sitzt nun für die CDU im Bundestag.

RUDI ALTIG

5483 BAD NEUENAHR
JOHANNISBERG 42 C
TELEFON (0 26 41) 2 52 68

Sehr geehrter Herr Günther Göge !

Ihrem Wunsch entsprechend dieser Satz :

Wenn einer meint er ist einer, ist er auf dem bestem Weg keiner

zu werden !!!!!!

Mit sportlichen Grüßen

Rudi Altig

Weltmeister auf der Bahn und auf der Straße: Radrennfahrer **Rudi Altig** (geb. 18. März 1937 in Mannheim) ist einer der Großen. Allerdings auch einer von den Berufssportlern, die Dopingmittel nehmen. Spitzname: „Die radelnde Apotheke". In einer Zeit, in der jeder geschluckt und gespritzt hat, bleibt der spätere Bundestrainer dennoch eine Legende.

DÜSSELDORF, DEN 1. 12. 1979

Man kann besser einem Menschen helfen, als daß einem selbst geholfen werden muß.

Erich Deuser

„Der Mann mit den heilenden Händen" wird **Erich Deuser** (1910-1993) genannt. Bundestrainer Sepp Herberger holt den Physiotherapeuten zur Fußball-Nationalmannschaft und macht ihn 1954 zu einem der Helden von Bern. Bei über 300 Länderspielen rennt der Masseur mit seinem schwarzen Medizinkoffer auf das Spielfeld und hilft den Verletzten.

Vlado Stenzel

4242 Rees 4, den
Telefon 0 28 57 / 24 51

① warum haben die Kleinen oft ein Bauch?
Weil überall die Portionen auf die Grosen abgestimmt sind.

② warum pfeifen die Schiedsrichter oft so falsch?
~~Weil überal in der~~ Weil sie zu Hause niemanden haben nach ihrer Pfeife tanzen können.

Mit freundlichen Grüssen
Vlado Stenzel

Als „Magier“ und Freund lockerer Sprüche wird **Vlado Stenzel** (geb. 23. Juli 1934 in Zagreb, Jugoslawien) gerühmt. Der einstige Torwart der jugoslawischen Nationalmannschaft feiert seine größten Erfolge als Trainer: 1972 Olympia-Gold mit Jugoslawien, 1978 Weltmeister mit dem deutschen Team. Der Handball-Besessene verlangt bedingungslose Disziplin.

ÜRGEN BÄUMLER

Am Schlüsselacker 4
D-6930 EBERBACH

Am schönsten ist es
auf der Welt!!

5.11.79.

Die Blondine und der Beau: Marika Kilius und **Hans-Jürgen Bäumler** (geb. 28. Januar 1942 in Dachau) gelten in den 1960er Jahren als Traumpaar des deutschen Eiskunstlaufs. Sie werden Weltmeister im Paarlauf und sind Hauptdarsteller in „Die große Kür". Dazu singt der schwarz Gelockte schmachtende Schlager. Aber geheiratet hat Hans-Jürgen seine Marika nie.

So ist das Leben!

Im Leben gibt`s was auf die Backen: Ex-Boxer **Rene Weller** (geb. 21. November 1953 in Pforzheim) verdient sich zwar in den 1980er Jahren mit Schnäuzer und schick geföhntem Haar den Beinamen „Der schöne Rene“. Ganz ungeschoren kommt der frühere Europameister allerdings nicht davon. Der Liebling des Boulevards sammelt seine Lebensweisheit auch im Gefängnis.

Als Dichter bin ich nicht geboren
Vom Sprüche-Kloppen halt ich nicht viel
Die Jugendzeit ging zu schnell verloren
Die -EM- allerdings ist noch mein Ziel.

B. Dietz

Kantige Ruhrpott-Lyrik vom Fußball-Abwehrspieler **Bernard Dietz** (geb. 22. März 1948 in Bockum-Hövel). Der Kapitän des MSV Duisburg feiert mit dem Gewinn der Europameisterschaft 1980 den größten Erfolg seiner Laufbahn. „Ennatz" ist torgefährlichster Verteidiger (77) und erlebt laut Wikipedia die meisten Niederlagen in der Bundesliga (221).

Ein gesammelter Satz
ist ein Verdruß,
man fühlt sich
auf ein Klo gesperrt,
obwohl man garnicht muß.

G. W. Scholz

30. 12. 82.

Makabere Züge hat die Zuschrift des früheren Box-Europameisters **Gustav Wilhelm Hermann Scholz** (1930-2000) von 1982. Bubi, wie sie ihn alle nennen, zitiert ein Klo-Gedicht von Ringelnatz. Keine zwei Jahre später erschießt die Boxlegende im Rausch seine Ehefrau Helga durch die Tür der Gästetoilette hindurch und muss ins Gefängnis.

STUCK
INTERNATIONAL

1. Sept. 1980

Ja da leckst mi' am Arsch,
Sakrament no amoi !!!
Herzlichst !!
Hans J Stuck

Hans-Joachim Stuck
Vollmannstr. 25d
8000 München 81

Mit einem bajuwarischen Fluch reagiert Rennfahrer-Legende **Hans-Joachim Stuck** (geb. 1. Januar 1951 in Garmisch-Partenkirchen). „Strietzel“ fährt von 1974 bis 1980 in der Formel 1. Danach gewinnt er das 24-Stunden-Rennen von LeMans und wird Langstrecken-Weltmeister. Die wichtigsten Informationen liefert ihm sein „Popometer“, sagt er dem „Spiegel“.

Simple Worte, die doch so viel sagen :

WER SCHREIBT DER BLEIBT

Ihr

Holger Obermann

Nicht in Vergessenheit geraten wird der Fußball-Trainer und TV-Sportjournalist **Holger Obermann** (geb. 31. August 1936 in Kassel). Der Moderator der „Sportschau“ bleibt vor allem als Fußball-Entwicklungshelfer in Erinnerung. „Mein Fußball hatte Flügel“ heißt das Buch über sein abenteuerliches und nicht ungefährliches Leben in aller Herren Länder.

Heiner Brand

5270 Gummersbach
Lebrechtstr. 3

Sehr geehrter Herr Jöge!
Ich sehe mich leider nicht in der Lage,
Ihnen einen "Satz" zu schenken.

Viele Grüße
Heiner Brand

Auch eine Art Satz: Die Absage von Deutschlands Handball-Legende **Heiner Brand** (geb. 26. Juli 1952 in Gummersbach). Der Mann mit dem Walrossbart wird als Spieler und Trainer Weltmeister mit der Nationalmannschaft. Er redet lieber als zu schreiben: Unter dem Schlagwort „Siegertyp“ bietet sich der „Topredner“ per Internet für Vorträge an.

WEITERE ZUSCHRIFTEN AN DEN „SÄTZE-SAMMLER“:

Horst Wolf (1928-2015), Journalist Frankfurter Rundschau: „Ich frage mich, ob Ihre Sammlung eine Kuriosität ist oder mehr: Wer heute Sätze sammelt, spürt vielleicht, wie sprachlos so manche Menschen geworden sind.“

Dieter Laser, Schauspieler: „Mir fällt leider kein Satz ein.“

Dr. Hans Wilhelm Vahlefeld (1928-2013), Autor und Fernseh-Korrespondent: „Ich bin sprachlos über Ihre Bitte, denn einem Sätze-Sammler bin ich noch nicht begegnet.“

Roger Bauer, Professor für Literaturwissenschaft: „Eigentlich ist Satz von setzen abgeleitet, das heißt von etwas behaupten, in die Existenz rufen. Was soll nun hier in die Existenz , in das Sein gerufen werden? Nicht ich, sondern Sie scheinen diesen Worten einige Bedeutung zuzumessen...“

Walter Weidmann, Richter: „Welch Elend – wäre die Welt – ohne Sätze - sprachlos!“

Peggy Parnass, Schauspielerin und Kolumnistin: „Was fangen Sie bloß mit all den Sätzen an? An wen wenden Sie sich mit Ihren eigenen Sätzen? Gesprächspartner wünscht Ihnen P.P.“

Eckart Spoo, Journalist Frankfurter Rundschau: „Betr. Kommunikation: Wenn ich dem Arzt, der mir in den Hals guckt, „Ah“ sage, weiß ich, wem und wozu ich es sage, und ich sage es bereitwillig.“

Armin Basche, Fernseh-Sportjournalist: „Leider kann ich Ihnen nicht helfen, da ich mit Ihrem Wunsch nichts anzufangen weiß.“

Dietrich Ratzke, Journalist Frankfurter Allgemeine: „Es ist in manchen Fällen notwendig und freundlich, lieber Nichts zu schreiben, als nicht zu schreiben. (Goethe, Wahlverwandtschaften)“

Felix Prohaska (1912-1987), Dirigent und Professor für Musikwissenschaft aus Österreich: „Ihre Anfrage ist mir zwar nicht ganz klar, aber damit haben Sie schon einen „Satz“.

Michael Gielen, Dirigent: „Seltsame Ideen haben die Sammler.“

Günter Mack (1930-2007), Schauspieler: „Sammeln Sie, lieber Herr Göge, sammeln Sie!“

Lisa Kreuzer, Schauspielerin: „Unter dem Motto, Sie haben mir gerade noch gefehlt in meiner Sammlung, muss ich Ihnen sagen: ICH habe, trotz nicht so knapp bemessener Zeit, KEINEN Satz für Sie übrig. Außer: Don`t think twice, it`s all right...“ (Bob Dylan-Song: Mach dir nichts draus, ist schon recht so)

Rudolf Walter Leonhardt (1921-2003), Journalist: „Carpe diem! - der Satz gehört nicht mir, deswegen kann ich ihn Ihnen nur leihen.“

BILDNACHWEIS
ALLE FOTOS VON GÜNTER GÖGE AUSSER:

KULTUR

Rubrikseite:
Luis Trenker: Foto auf S. 9 „WP Luis Trenker“ von Anonymous photographer, not identified anywhere - Collectable album photo from the „Die bunte Welt des Films“ series published by the Haus Bergman tobacco company in 1934. Lizenziert unter Gemeinfrei über Wikimedia Commons – Lizenztext: https://commons.wikimedia.org/wiki/File:WP_Luis_Trenker.jpg
Martin Walser: Foto auf S. 11 „Martin Walser Frankfurter Buchmesse 2013 1“ von Lesekreis - Eigenes Werk. Lizenz: „CC0 1.0 Verzicht auf das Copyright“ über Wikimedia Commons - Lizenztext: http://creativecommons.org/publicdomain/zero/1.0/legalcode
Loriot: Foto auf S. 14 „Vicco von buelow loriot 08 2005“ von User:Massimovonpontifex - Eigenes Werk. Lizenziert unter Gemeinfrei über Wikimedia Commons – Lizenztext:
https://commons.wikimedia.org/wiki/Template:PD-self
Siegfried Lenz: Foto auf S. 19 „Bundesarchiv B 145 Bild-F030757-0015, Siegfried Lenz“ von Bundesarchiv, Schaack, Lothar / CC-BY-SA. Lizenziert unter CC BY-SA 3.0 de über Wikimedia Commons - Lizenztext: https://creativecommons.org/licenses/by-sa/3.0/de/legalcode (Ausschnitt)
Leni Riefenstahl: Foto auf S. 22 „WP Leni Riefenstahl by Alexander Binder“ von Alexander Binder (* 1888 in Alexandria; † 25. Februar 1929 in Berlin). - Artnet. Lizenziert unter Gemeinfrei über Wikimedia Commons - Lizenztext: https://commons.wikimedia.org/wiki/Template:PD-old-80 ;
Heinz Rühmann: Foto auf S. 25 „Rühmann1“ von Fröhlich-Film/Tobis (original) / Sendker (scan) - alte Postkarte 1937. Lizenziert unter Gemeinfrei über Wikimedia Commons - Lizenztext: https://commons.wikimedia.org/wiki/Template:PD-old-70 (Ausschnitt) Pennäler-Gruppe, Foto auf S. XX: Archiv Alte Landesschule Korbach.
Joseph Ratzinger: Foto auf S. 31 „Castel Gandolfo Papst“ von AK09 @Disk + Bewerte mich!. Lizenziert unter Gemeinfrei über Wikimedia Commons – Lizenztext:https://commons.wikimedia.org/wiki/Template:PD-self (Ausschnitt)
Otto Waalkes: Foto auf S. 33 „Otto Waalkes mit Sven Unterwaldt klein“. Foto: René Kleinschmidt-BalticSea 12:28, 10 December 2006 (UTC). Lizenziert unter Copyrighted free use (gemeinfrei) über Wikimedia Commons – Lizenztext: https://commons.wikimedia.org/wiki/Template:Copyrighted_free_use (Ausschnitt)
Curd Jürgens: Foto auf S. 36. „1974 Jedermann CurdJuergens SentaBerger Archiv SV Foto Steinmetz“ von Archiv der Salzburger Festspiele Foto Steinmetz - www.salzburgerfestspiele.at. Lizenziert unter CC BY 3.0 über Wikimedia Commons – Lizenztext: http://creativecommons.org/licenses/by/3.0 (Ausschnitt)
Wolfgang Neuß: Foto auf S. 45 „Fußballspiel mit Wolfgang Neuss, Stuttgart (1968?) 5“ by Kürschner (talk) 16:42, 27 May 2012 (UTC) - Own work. Licensed under Public Domain via Wikimedia Commons; gemeinfrei – Lizenztext:https://commons.wikimedia.org/wiki/Template:PD-self (Ausschnitt)
Götz George: Foto auf S. 46 „Götz George, ROMY 2009“ von Manfred Werner (Tsui) - Eigenes Werk. Lizenziert unter CC BY-SA 3.0 über Wikimedia Commons – Lizenztext: http://creativecommons.org/licenses/by-sa/3.0/
Margot Werner: Foto auf S. 49 „0903 Margot Werner“ von Foto: Udo Grimberg, Lizenz: CC-BY-SA 3.0 DE. Lizenziert unter CC BY-SA 3.0 de über Wikimedia Commons – Lizenztext: http://creativecommons.org/licenses/by-sa/3.0/de/deed.en
Gisela Schlüter: Foto auf S. 50 „Kabarett der Komiker; Gisela Schlüter 015438a“ von Willy Pragher 1938. Lizenziert unter CC BY 3.0 über Wikimedia Commons – Lizenztext: https://creativecommons.org/licenses/by/3.0/deed.de (Ausschnitt)
Manfred Bieler: Foto auf S. 52 vom Künstler übermitteltes Foto
Michaela May: Foto auf Seite 55 „2007-11-Michaela May“ von Michael Lucan, Lizenz: CC-BY-SA 3.0. über Wikimedia Commons - Lizenztext: https://creativecommons.org/licenses/by-sa/3.0/de/legalcode; (Ausschnitt)
Hans Dollinger: Foto auf S. 57 vom Künstler übermitteltes Foto
Lena Valaitis: Foto auf S. 58 „Lena Valaitis“ von CHR!S - Eigenes Werk. Lizenziert unter CC BY-SA 3.0 über Wikimedia Commons – Lizenztext: http://creativecommons.org/licenses/by-sa/3.0
Harald Leipnitz: Foto auf S. 62 „Bundesarchiv B 145 Bild-F034159-0005, Bonn, Bundeskanzler Brandt empängt Schauspieler“ von Bundesarchiv, B 145 Bild-F034159-0005 / Engelbert Reineke / CC-BY-SA. Lizenziert unter CC BY-SA 3.0 de über Wikimedia Commons – Lizenztext: http://creativecommons.org/licenses/by-sa/3.0/de/deed.en
Uschi Glas: Foto auf S. 64 „Uschi Glas (Berlinale 2012)“ von Siebbi - ipernity.com. Lizenziert unter CC BY 3.0 über Wikimedia Commons – Lizenztext: http://creativecommons.org/licenses/by/3.0
Will Quadflieg: Foto auf S. 66 „Will Quadflieg 1998“ von Smokeonthewater - selbst fotografiert. Lizenziert unter Gemeinfrei über Wikimedia Commons – Lizenztext: https://commons.wikimedia.org/wiki/Template:PD-self (Ausschnitt)
Karin Dor: Historische Postkarte S. 70 Karl-May-Archiv.de; http://karl-may-wiki.de/images/6/6a/KarinDor_Ribanna.jpg (Ausschnitt)
Helmut Zacharias: Foto auf S. 71 „Helmut Zacharias 1965“ Foto von A. Hampel, Zustimmung zur Veröffentlichung gemeinfrei (public domain) wurde mir (Benutzer:Jetliner) erteilt (Sammlung Christian Herms, Benutzer:Jetliner) [Public domain], via Wikimedia Commons – Lizenztext: https://commons.wikimedia.org/wiki/Template:PD-user

Axel von Ambesser: Foto auf S. 78 „Verträumte Tage, L'Aiguille rouge (1951)" von Schnäggli, Eigenes Werk, Archiv Emil-Edwin Reinert. Lizenziert unter CC BY-SA 3.0 über Wikimedia Commons – Lizenztext: http://creativecommons.org/licenses/by-sa/3.0 (Ausschnitt)

Gerd Albrecht: Foto auf S. 79 „GerdAlbrecht" von MoSchle - Eigenes Werk. Lizenziert unter CC BY 3.0 über Wikimedia Commons - Lizenztext: https://creativecommons.org/licenses/by/3.0/legalcode (Ausschnitt)

Walter Kempowski: Foto auf S. 81 „Kempowski" von PrimaryMaster - Eigenes Werk. Lizenziert unter Gemeinfrei über Wikimedia Commons - Lizenztext: https://commons.wikimedia.org/wiki/Template:PD-self (Ausschnitt)

Joseph Höffner: Foto auf S. 85 „DPAG-20061104-JosephKardinalHoeffner" von Christof Gassner, für das Bundesministerium der Finanzen, bzw. Deutsche Post AG - Lizenziert unter Gemeinfrei über Wikimedia Commons - Lizenztext: https://commons.wikimedia.org/wiki/Template:PD-self

Walter Jens: Foto auf S. 87 „IngeWalterJensTal" von איתן טל Etan Tal - Eigenes Werk. Lizenziert unter CC BY 3.0 über Wikimedia Commons - Lizenztext: http://creativecommons.org/licenses/by/3.0 (Ausschnitt)

Inge Meysel: Foto auf S. 89 „Inge Meysel - E70" von Jörg Weber - Bleistiftzeichnung von Jörg Weber. Lizenziert unter Bild-frei über Wikipedia - Lizenztext: https://commons.wikimedia.org/wiki/Template:PD-self

Hildegard Knef: Foto auf S. 90 „DPAG2002-Dauermarke-Hildegard Knef" von Prof. Gerd Aretz und Oliver Aretz, Wuppertal im Auftrag der Deutschen Post AG bzw. Bundesministerium der Finanzen. Lizenziert unter Gemeinfrei über Wikimedia Commons - Lizenztext: https://commons.wikimedia.org/wiki/Template:PD-self

Eleonore Weisgerber: Foto auf S. 92 „IMG 4573 Eleonore Weisgerber" von Udo Grimberg - Eigenes Werk Udo Grimberg. Lizenziert unter CC BY-SA 3.0 über Wikimedia Commons - Lizenztext: https://creativecommons.org/licenses/by-sa/3.0/legalcode (Ausschnitt)

Peter Rühmkorf: Foto auf S. 94 „Peter Ruemkorf 2004" von Ottoerich aus der deutschsprachigen Wikipedia. Lizenziert unter CC BY-SA 3.0 über Wikimedia Commons - Lizenztext: https://creativecommons.org/licenses/by-sa/3.0/legalcode (Ausschnitt)

Carl Friedrich von Weizsäcker: Foto auf S. 98 „Bundesarchiv B 422 Bild-0174, Carl Friedrich v. Weizsäcker" von Bundesarchiv. Lizenziert unter CC BY-SA 3.0 de über Wikimedia Commons - Lizenztext: http://creativecommons.org/licenses/by-sa/3.0/de/deed.en (Ausschnitt)

Peter Maffay: Foto auf S. 101 „Peter maffay hamm 2011" von Dirk Vorderstraße - Eigenes Werk. Lizenziert unter CC BY 3.0 über Wikimedia Commons - Lizenztext: http://creativecommons.org/licenses/by/3.0 (Ausschnitt)

Joachim Fuchsberger: Foto auf S. 108 „Joachim Fuchsberger ROMY2008" von Manfred Werner - Tsui - Eigenes Werk. Lizenziert unter CC BY-SA 3.0 über Wikimedia Commons - Lizenztext: http://creativecommons.org/licenses/by-sa/3.0/ (Ausschnitt)

Timm Ulrichs: Foto auf S. 110 „Timm Ulrichs (1997)" Foto von Claude Lebus. Lizenziert unter CC BY-SA 3.0 über Wikipedia - Lizenztext: http://creativecommons.org/licenses/by-sa/3.0/ (Ausschnitt)

Wolfgang Kieling: Foto auf S. 111 „Bundesarchiv Bild 183-G0320-0029-001, Berlin, Vietnam-Ausstellung, Besuch Kieling" von Bundesarchiv. Lizenziert unter CC BY-SA 3.0 de über Wikimedia Commons - Lizenztext: http://creativecommons.org/licenses/by-sa/3.0/de/deed.en (Ausschnitt)

Marika Rökk: Foto auf S. 113 von der Künstlerin übermitteltes Foto

Günter Pfitzmann: Foto auf S. 116 „Günter Pfitzmann als Wachsfigur im Panoptikum Mannheim" von Panop14 - Eigenes Werk. Lizenziert unter CC BY-SA 3.0 über Wikimedia Commons – Lizenztext: http://creativecommons.org/licenses/by-sa/3.0

Klaus Staeck: Foto auf S. 117 „Klaus Staeck (15525340522)" von blu-news.org - Lizenziert unter CC BY-SA 2.0 über Wikimedia Commons - Lizenztext: http://creativecommons.org/licenses/by-sa/2.0 (Ausschnitt)

Siegfried Sommer: Foto auf S. 120 vom Künstler übermitteltes Foto

Peter Alexander: Foto auf S. 130 Ariola-Künstlerpostkarte, Copyright Pressefoto Norbert Unfried, Hamburg.

Friedrich Nowottny: Foto auf S. 135 „Friedrich nowotny 1985" von Elke Wetzig (Elya) - Eigenes Werk. Lizenziert unter CC BY-SA 3.0 über Wikimedia Commons - Lizenztext: http://creativecommons.org/licenses/by-sa/3.0/ (Ausschnitt)

Karl Münchinger: Foto auf S. 136 „Bundesarchiv B 145 Bild-F026295-0025, Bonn, Konzert Landesvertretung Baden-Württemberg" von Bundesarchiv, B 145 Bild-F026295-0025 / Gathmann, Jens / CC-BY-SA. Lizenziert unter CC BY-SA 3.0 de über Wikimedia Commons - Lizenztext: http://creativecommons.org/licenses/by-sa/3.0/de/deed.en (Ausschnitt)

Benno Kusche: Foto auf S. 137 vom Künstler übermittelte Fotokarte

Emil Schumacher: Foto auf S. 140 „Photo Emil Schumacher" von Ralf Cohen - Emil Schumacher Museum Hagen. Lizenziert unter CC BY-SA 3.0 über Wikimedia Commons – Lizenztext: http://creativecommons.org/licenses/by-sa/3.0 (Ausschnitt)

Dagmar Altrichter: S. 142, Autogrammkarte ohne Copyright-Hinweis

Gustl Bayrhammer: Foto auf S. 151 vom Künstler übermitteltes Foto

Marianne Hoppe: Foto auf S. 152 „WP Marianne Hoppe" von Anonymous photographer, not identified anywhere - Collectable album photo from the „Lieblinge des Films" series published by Austria Tabakwerke, 1935. Lizenziert unter Gemeinfrei über Wikimedia Commons – Lizenztext: https://commons.wikimedia.org/wiki/File:WP_Marianne_Hoppe.jpg

Horst Buchholz: Foto auf S. 155 „WP Horst Buchholz" von Axel Mauruszat. Abbildung auf Grabstein in Berlin; Nachbearbeitung von Axel Mauruszat - Ausschnittsvergrößerung aus vorhandener Commons-Datei. Lizenziert unter Bild-by-1.0 über Wikipedia. Lizenztext:
https://commons.wikimedia.org/wiki/Template:Cc-by-1.0

Erich von Däniken: Foto auf S. 156 „Erich-von-Däniken 1610" von Sven Teschke - Eigenes Werk. Lizenziert unter CC BY-SA

3.0 de über Wikimedia Commons – Lizenztext: http://creativecommons.org/licenses/by-sa/3.0/de/deed.en
Lisa Fitz: Foto auf S. 158 „Lisa Fitz Portrait" von Manfred Baumann, http://www.manfredbaumann.com/ - Ticket:2011082410013389. Lizenziert unter CC BY-SA 3.0 de über Wikimedia Commons – Lizenztext http://creativecommons.org/licenses/by-sa/3.0/de/deed.en
Vico Torriani: Foto auf S. 161 „Torriani, Vico" Werbeplakat von Erich Dittmann - Nachlaß Erich Dittmann. Lizenziert unter Bild-frei über Wikipedia - Lizenztext:
https://de.wikipedia.org/wiki/Datei:Torriani,_Vico.jpg (Ausschnitt)

POLITIK

Rubrikseite:
Herbert Wehner: Foto auf S. 167 „Stamp Germany 2000 MiNr2092 Herbert Wehner" von Gerd Aretz, Oliver Aretz für das Bundesministerium der Finanzen und die Deutsche Post AG - Deutsche Post AG, scanned by Steveurkel. Lizenziert unter Gemeinfrei über Wikimedia Commons - Lizenztext: https://commons.wikimedia.org/wiki/Template:PD-self
Albert Osswald: Foto auf S. 170 „Bundesarchiv B 145 Bild-F046940-0003, Bonn, Bundespräsident mit Bundesratspräsident Osswald" / Reineke, Engelbert / CC-BY-SA. Lizenziert unter CC BY-SA 3.0 de über Wikimedia Commons – Lizenztext: https://creativecommons.org/licenses/by-sa/3.0/de/legalcode (Ausschnitt)
Franz Josef Strauß: Foto auf S. 171 „Franz Josef Strauß 1982" von Robert Ward (DoD photo by) - http://www.defenseimagery.mil/; VIRIN: HD-SC-98-07539 (cropped). Lizenziert unter Gemeinfrei über Wikimedia Commons – Lizenztext: https://commons.wikimedia.org/wiki/Template:PD-USGov-Military
Hans Matthöfer: Foto auf S. 172 „Bundesarchiv B 145 Bild-F060861-0033, Bonn, Sitzung Bundesrat, Matthöfer" von Bundesarchiv, B 145 Bild-F060861-0033 / Wegmann, Ludwig / CC-BY-SA. Lizenziert unter CC BY-SA 3.0 de über Wikimedia Commons – Lizenztext: http://creativecommons.org/licenses/by-sa/3.0/de/deed.en (Ausschnitt)
Hermann Höcherl: Foto auf S. 173 „Bundesarchiv Bild 183-92106-0011, Hermann Höcherl" / CC-BY-SA. Lizenziert unter CC BY-SA 3.0 de über Wikimedia Commons – Lizenztext: http://creativecommons.org/licenses/by-sa/3.0/de/deed.en
Lieselotte Funcke: Foto auf S. 174 „Bundesarchiv B 145 Bild-F052015-0041, Kiel, FDP-Bundesparteitag, Lieselotte Funcke retouched" von Bundesarchiv, B 145 Bild-F052015-0041 / Wegmann, Ludwig / CC-BY-SA. Lizenziert unter CC BY-SA 3.0 de über Wikimedia Commons - Lizenztext: (Ausschnitt) http://creativecommons.org/licenses/by-sa/3.0/de/deed.en
Kurt Biedenkopf: Foto auf S. 176. „Bundesarchiv B 145 Bild-F040153-0017, Bonn, Pressekonferenz CDU-Vorstand, Biedenkopf" von Bundesarchiv, B 145 Bild-F040153-0017 / Wienke, Ulrich / CC-BY-SA. Lizenziert unter CC BY-SA 3.0 de über Wikimedia Commons – Lizenztext: http://creativecommons.org/licenses/by-sa/3.0/de/deed.en
Rainer Barzel: Foto auf S. 177 „Bundesarchiv B 145 Bild-F029561-0005, Essen, CDU-Bundestagswahlkongress, Barzel" von Bundesarchiv, B 145 Bild-F029561-0005 / Schaack, Lothar / CC-BY-SA. Lizenziert unter CC BY-SA 3.0 de über Wikimedia Commons - Lizenztext: http://creativecommons.org/licenses/by-sa/3.0/de/deed.en (Ausschnitt)
Egon Bahr: Foto auf S. 179 „Bundesarchiv B 145 Bild-F055062-0011A, Köln, SPD-Parteitag, Bahr" von Bundesarchiv, B 145 Bild-F055062-0011A / CC-BY-SA. Lizenziert unter CC BY-SA 3.0 de über Wikimedia Commons – Lizenztext: http://creativecommons.org/licenses/by-sa/3.0/de/deed.en
Hans Dietrich Genscher: Foto auf S. 181 „Bundesarchiv B 145 Bild-F048566-0014, Bonn, Schmidt überreicht Bundesverdienstkreuz" von Bundesarchiv, B 145 Bild-F048566-0014 / Engelbert Reineke / CC-BY-SA. Lizenziert unter CC BY-SA 3.0 de über Wikimedia Commons – Lizenztext: http://creativecommons.org/licenses/by-sa/3.0/de/deed.en (Ausschnitt)
Heinrich Albertz: Foto auf S. 182 „Bundesarchiv B 145 Bild-F023743-0013, Bonn, Lübke mit Berliner Bürgermeister Albertz" / Wegmann, Ludwig / CC-BY-SA. Lizenziert unter CC BY-SA 3.0 de über Wikimedia Commons – Lizenztext: http://creativecommons.org/licenses/by-sa/3.0/de/deed.en (Ausschnitt)
Hans-Joachim Vogel: Foto auf S. 183 „Bundesarchiv B 145 Bild-F079283-0006, Münster, SPD-Parteitag, Vogel" / Engelbert Reineke / CC-BY-SA. Lizenziert unter CC BY-SA 3.0 de über Wikimedia Commons – Lizenztext: http://creativecommons.org/licenses/by-sa/3.0/de/deed.en (Ausschnitt)
Edmund Stoiber: Foto auf S. 185 „DrEdmundStoiber" von Bayerische Staatskanzlei - www.bayern.de. Lizenziert unter Attribution über Wikimedia Commons – Lizenztext: http://creativecommons.org/licenses/by-sa/3.0/de/deed.en https://commons.wikimedia.org/wiki/File:DrEdmundStoiber.jpg#/media/File:DrEdmundStoiber.jpg
Peter Glotz: Foto auf S. 188 „Bundesarchiv B 145 Bild-F079278-0012, Münster, SPD-Parteitag, Glotz" / Engelbert Reineke / CC-BY-SA. Lizenziert unter CC BY-SA 3.0 de über Wikimedia Commons – Lizenztext: http://creativecommons.org/licenses/by-sa/3.0/de/deed.en
Jürgen Möllemann: Foto auf S. 189 „Bundesarchiv B 145 Bild-F058375-0025, Freiburg, FDP-Bundesparteitag, Genscher" / Wienke, Ulrich / CC-BY-SA. Lizenziert unter CC BY-SA 3.0 de über Wikimedia Commons – Lizenztext: http://creativecommons.org/licenses/by-sa/3.0/de/deed.en (Ausschnitt)
Johannes Rau: Foto auf S. 191 „Bundesarchiv B 145 Bild-F073494-0025, Bundespressekonferenz, Bundestagswahlkampf, Rau" von Bundesarchiv, B 145 Bild-F073494-0025 / Wienke, Ulrich / CC-BY-SA. Lizenziert unter CC BY-SA 3.0 de über Wikimedia Commons - Lizenztext: http://creativecommons.org/licenses/by-sa/3.0/de/deed.en
Richard von Weizsäcker: Foto auf S. 193 „Bundesarchiv Bild 146-1991-039-11, Richard v. Weizsäcker" von Bundesarchiv, Bild 146-1991-039-11 / CC-BY-SA. Lizenziert unter CC BY-SA 3.0 de über Wikimedia Commons - Lizenztext: http://creativecommons.org/licenses/by-sa/3.0/de/deed.en

WIRTSCHAFT

Rubrikseite:
Uhse-Firmensitz: Foto auf Seite 195: „Beate Uhse Flensburg - panoramio“ von fleno.de. Lizenziert unter CC BY-SA 3.0 über Wikimedia Commons – Lizenztext: http://creativecommons.org/licenses/by-sa/3.0
Elisabeth Noelle-Neumann: Foto auf S. 198 „Bundesarchiv B 145 Bild-F087631-0004, Hotel Königshof Bonn, Ludwig-Erhard-Stiftung“ von Bundesarchiv, B 145 Bild-F087631-0004 / Engelbert Reineke / CC-BY-SA. Lizenziert unter CC BY-SA 3.0 de über Wikimedia Commons – Lizenztext: http://creativecommons.org/licenses/by-sa/3.0/de/deed.en
Philip Rosenthal: Foto auf S. 200 „Bundesarchiv B 145 Bild-F062779-0019, München, SPD-Parteitag, Rosenthal“ von Bundesarchiv, B 145 Bild-F062779-0019 / Hoffmann, Harald / CC-BY-SA. Lizenziert unter CC BY-SA 3.0 de über Wikimedia Commons - Lizenztext: http://creativecommons.org/licenses/by-sa/3.0/de/deed.en (Ausschnitt)
Beate Rotermund-Uhse: Foto auf S. 203 „Beate Uhse (1971)“ von Rob C. Croes / Anefo - Nationaal Archief. Lizenziert unter CC BY-SA 3.0 nl über Wikimedia Commons – Lizenztext: http://creativecommons.org/licenses/by-sa/3.0/nl/deed.en
Hans Friderichs: Foto auf S. 205 „Bundesarchiv B 145 Bild-F046797-0028, Mainz, FDP-Bundesparteitag, Friderichs“ von Bundesarchiv, B 145 Bild-F046797-0028 / Wegmann, Ludwig / CC-BY-SA. Lizenziert unter CC BY-SA 3.0 de über Wikimedia Commons – Lizenztext: http://creativecommons.org/licenses/by-sa/3.0/de/deed.en

SPORT

Rubrikseite:
Schoen-Helmut: Foto auf S. 209: „Muller, Beckenbauer en trainer Schon 1974“ von Verhoeff, Bert / Anefo - Finale wereldkampioenschap voetbal 1974 in Munchen, West Duitsland tegen Nederland 2-1; v.l.n.r. Muller, Beckenbauer en trainer Schon na afloopDutch National Archives, The Hague, Fotocollectie Algemeen Nederlands Persbureau (ANeFo), 1945-1989,Auteursrechthebbende Nationaal Archief CC-BY-SA, Nummer toegang 2.24.01.05 Bestanddeelnummer 927-3108. Lizenziert unter CC BY-SA 3.0 nl über Wikimedia Commons – Lizenztext: http://creativecommons.org/licenses/by-sa/3.0/nl/deed.en
Liesel Westermann: Foto auf S. 214 von Sportlerin übermittelte Fotokarte
Eberhard Gienger: Foto auf S. 218 „2014-09-12 - Eberhard Gienger MdB - 8817“ von Foto: Sven Teschke /. Lizenziert unter CC BY-SA 3.0 de über Wikimedia Commons – Lizenztext:
http://creativecommons.org/licenses/by-sa/3.0/de/deed.en
Erich Deuser: Foto auf S. 220 Historische Autogrammkarte ohne Copyright-Hinweis
Hans-Jürgen Bäumler: Foto auf S. 222 „Hans-Jürgen Bäumler 916-9795“ von Pot, Harry / Anefo - Nationaal Archief. Lizenziert unter CC BY-SA 3.0 nl über Wikimedia Commons -
http://creativecommons.org/licenses/by-sa/3.0/nl/deed.en (Ausschnitt)
Bernard Dietz: Foto auf S. 224 „Bernard Dietz 1985“ von de:User:‘ElLo57 (Elmar J. Lordemann) - Eigenes Werk (Originaltext: Eigenfoto). Lizenziert unter CC BY-SA 2.0 de über Wikimedia Commons – Lizenztext: http://creativecommons.org/licenses/by-sa/2.0/de/deed.en

Haftungsausschluss für alle oben genannten Bilder:
Bitte Persönlichkeitsrechte beachten - Obwohl diese Werke unter einer freien Lizenz veröffentlicht wurden oder gemeinfrei sind, können durch die Persönlichkeitsrechte der abgebildeten Personen bestimmte Nachnutzungen eingeschränkt oder von deren Zustimmung abhängig sein. Ein Modelvertrag oder ein anderer Nachweis einer solchen Zustimmung kann vor rechtlichen Schwierigkeiten schützen.

INHALTSVERZEICHNIS

„WIE, DAS INTERESSIERT DOCH KEIN SCHWEIN?"